わたしの旅ブックス
004

進化する私の旅スタイル

国井律子

産業編集センター

オーストラリアの内陸部、
オパールの産地クーパーペディ。
2009年12月

2010年の元日早朝、
私はオーストラリアの砂漠の
真ん中を走っていた。

赤い大地にへばりつくように
生える背の低い木々。
背後にはまるい地球にどんと
乗ったウルルがあった。
2009年12月

1930年代にゴールドラッシュで栄えたが、現在は閑散としたテナントクリークから約100キロ南のデビルズマーブルズに立ち寄った。巨大岩石があたり一面に転がっている不思議な景観なのに人っ子ひとりいない贅沢よ。2010年1月

山がちなスイスではカートレインを利用して険しい山々を抜ける。2010年６月

ホワイトクリフに手を振ってイギリスを去る。
目指すはヨーロッパ大陸。まずはベルギーへ。2010年６月

インドネシアはバリ島。原チャリを借りてキンタマーニというものすごい地名の景勝地までツーリング。2010年2月

カンボジアの首都プノンペン。東南アジアの足は風を切り裂いて走るトゥクトゥクがお気に入り。値段交渉が面倒くさいと敬遠されがちなこの乗り物だが、若いころからアジアを旅してきたのでけっこう得意。2010年12月

國稀《くにまれ》酒造へ日本酒を買いに、現在は廃線となった北海道の留萌《るもい》本線、留萌から増毛《ましけ》間。
最果て感が最高。2007年３月

サーフィンの練習にと北海道のニセコでバックカントリー。パフパフのパウダーを蹴散らして滑る、めくるめく快感。気づけば20代後半から30代半ばまで、毎年の恒例行事となっていた。子どもたちを連れてまた復活させたい！ 2009年2月

鰻を食べにハーレー転がして小江戸(川越)まで。2015年９月

私のお腹のなかでグルグル回り、逆子になったり治ったりを繰り返した息子。
そのせいか泳ぎは得意。千葉県勝浦にて。2016年７月

子どものころからよく来ていた房総半島。
イヌを飼い始めて「散歩」という新たな趣味が加わり、
勝浦周辺の小さな漁港などすみずみまで歩き回るように。
夏の終わりの川津漁港にて。2013年８月

駅舎が新しくなる前の高尾山口駅。家でのんびりランチを
食べてからでも全然登れる高尾山ってすてき。2012年９月

奄美の南部にある加計呂麻島《かけろま》。
諸鈍《しょどん》のデイゴ並木でしばし休憩。
ここはドコ、私はダレな気分。2017年４月

はじめに

皆さん、本のなかではお久しぶりです。初めましての方は、こんにちは。国井律子です。

私が最後に単行本を出したのは２０１１年８月。オートバイで世界一周した際の北米ツーリングについて書いて以来の新刊だ。

７年前のその本の出版を境に、私のライフスタイルは激変した。結婚して出産もして。気の向くままひとりで旅していたころとは別人みたいに、「足が地に着いた」生活となった。

もちろん子どもが生まれてからも旅に出たいウズウズした気持ちは止まらないし、以前に比べたら規模はずいぶん小さいけど、ジブンのいまできる範囲で楽しみを見つけてきたつもりだ。たとえば夫と都内でおいしいモノを食べに行く。ちょい乗りツーリングやサイクリングをしたり、浜辺で子どもと遊びつつ、夫婦交代ばんこでサーフィンしたりも。昨年はキャンピングカーにイヌと子どもを乗せて東北を一周した。北海道も毎年行っている。年に数回は外国にも足を伸ばしている。キューバやカンボジアやスリランカや、かなりマニアックなところにも子づれで行った。いま一番乗り回しているのは間違いなくオートバイではなくママチャリだけど、その乗り物だって私にかかれば旅となる。

20代のとき、ジブンは絶対結婚しないと思っていた。旅とか趣味の確保とか、いままでと同様にできなくなるのなら独身でいた方がマシだ……、なんて真顔で考えていたからだ。でもフタを開けてみたら、結婚して出産してもふつうに旅ができている。「育児や家事をひとりで抱えこまず周りを巻きこむ」とか、「私の趣味や遊びに子どもを（無理のない範囲で）連れ回す」とか、ちょっとしたコツは必要になるけれど……。

大人は毎日忙しい。とにかく時間がない。若いころ楽しんできた旅や趣味、「あの時間はもう二度と戻ってこないんだ」と、ションボリした気持ちになっていませんか？ そんな人にこそ、この本を読んでほしい。たしかに「あの」時間は手に入らないかもしれないけれど、「いま」しかできない「コト・モノ・時間」はあるかもね。

私もまだまだ人生の旅の途中ですが、この数年で少し見えてきたこと気づいたこと、いろいろ書いてみました。この本が、皆さんの〝次の旅〟へのきっかけになってくれたらこんなにうれしいことはありません。

進化する私の旅スタイル　目次

旅して現在進行中

私は旅をしながら、いつも未来のジブンを想像する。すごく気に入った土地では、「もし来年、この場所に住んだなら……」とか、子どもはもちろんパートナーがいなかったときでさえ、「もし、もう一度ここを家族で訪れたら……」とか。妄想がまさに「暴走」している。そんな時間が昔からけっこう好きだった。

一方で、妄想の末に哀しい現実を受け止めたこともある。

そのとき私は26歳だった。沖縄の石垣島に恋をしてしまったのだ。温かな風、濃い顔のゆるい人々、脳天気な海の色に身を置いているのが心地よくて、ヒマさえあれば私はすぐその島に飛んだ。何度も通っているうちに島民や移り住んできた人たちと顔見知りになった。

「もしこの島に住んだら……」

お得意の妄想はやがて現実味を帯びて、仲良くなった不動産屋のおじいに、私がとくに気に入っている島の北部の土地を見せてもらった。やや傾斜地だったが、大好きな脳天気な石垣島の海が視界いっぱいに見渡せた。リビングはこの向きにしよう。玄関はここで。この場所にこさえたウッドデッキでオリオンビールを呑んだら、さぞおいしいだろうなぁ……。想像が大いにふくらんだ。

しかし当時私は駆け出しの旅エッセイストだった。ようやく仕事がパラパラ入ってくるようになったころで、飛行機に乗って遠方を取材することも増え、それなりにやりがいを感じていた。で、果たして石垣島に暮らしている〝ひよっこエッセイスト〟に仕事は回ってくるだろうか。石垣島から何度もトランジットして取材先

石垣島の北部にて。このあたりに土地を買おうと真剣に考えていた26歳の私……。いい景色だけどナンもないなぁ。このころからだいぶトシを取ったいまは、適度ににぎわった街の方が落ち着くけど。

に飛んで、ふたたび乗り換えを繰り返しながら島に帰る。夏場は台風に当たって動けなくなることもある……。ダメだダメだ。拠点はやはり東京でなければ仕事にならない。せっかくつかみかけたチャンス。島に引っ込むのはまだ早い。石垣島移住計画は残念だけど、はかなく消えた。

そんなことがあり、改まった気持ちで東京に住んでみたら私が生まれ育った街はけっして悪くなかった。先ほどの石垣島の話じゃないけれど、とにかく便利なのである。主要な旅先へはたいてい東京から直行便が出ている。たとえば毎年冬になると全国に散らばる友人たちとフィジーへサーフトリップに出かけている。地方で暮らす友人たちは国際空港があるナンディまで、1日とか2日とか余分に時間と宿泊代と、トランジットの際の交通費をかけて向かうが、私はというと夕方ごろ家からパッと羽田か成田の空港に向かい、飛行機に乗れば翌朝にはナンディに着いた。味気ないといえばそうかもしれないが、その分さらに違う旅に出かけられるよさがある。

そのほかにも東京を気に入っている理由は、世界中の料理でおいしく旅ができること。もちろん日本人好みの味付けにしているというのはある。でも見た目の美しさ、日本人的サービスの良さ、トータル的に本場以上に満足することが多い。今夜はあっさりとスパイシーな南インド料理をいただきに八重洲へ。明日は久しぶりにボルシチを堪能したいから神田のロシア料理屋。あさっては肉肉しい気分。シュラスコを食らいに渋谷のブラジリアン・レストラン！　などなど都内で世界一周ができてしまう。

ところで、私が旅が好きな理由のひとつに、悩みにさいなまれているとき遠出すると不思議と結論が出ること、がある。朝から晩まであんなに東京で頭を抱えていたのはうそのように、ふわっとそのときはやって来る。いや、きっと心のなかではもう結論は出ていたのだ。いつもとは違う場所で、同じことを考えてみる「旅」という時間が、最後の一押しをしてくれただけで。

そう考えると、旅が教えてくれたこと、気づかせてくれたことが、これまで数え切れないほどあった。それは現在進行形だ。２０１３年5月、息子が生まれた。彼との旅は大変だし面倒くさいことも多いけど、ひとり旅にはないおもしろさや気づきがある。これまで素通りしていた事柄に息子と一緒にふと立ち止まってみると、旅に厚みが出たようなそんな気分になったりする。

ここ数年、私の旅のスタイルがめまぐるしく変わっている。これまでは一日かけてオートバイでツーリングとか、朝からサーフィン三昧など目的重視の旅だった。息子が生まれてからは彼でも登れるゆるい山でトレッキングしたり、湖畔で一日だらだらキャンプをしたり、城見学したりとか、いわゆる「旅行」っぽい感じというか……。来年は何をしているのか、どんな場所がおもしろいのか、もう少ししたら目的重視の旅にシフトしたいけどなぁ……。またまた妄想が暴走しているこのごろだ。

北海道北部、海岸線に広がる湿原、「サロベツ原野」に刻まれた一本道を稚内から南下していた。大陸を感じる何もない直線。日本ではなかなかお目にかかれない貴重な道だ。

私とオートバイ

「オートバイ」というキーワードに、どんなイメージを抱くだろう。いまでこそ大人の趣味のひとつとして市民権を得ているような感じはあるけど、私がその乗り物に出合った1998年ごろはオートバイ＝暴走族のイメージがまだ残っていた。危険とか、反社会的とか、汚いとか、クルマからすればチョロチョロして邪魔くさいとか、正直かんばしくない存在だったと思う。

とくにうちの父はひどかった。商店街で学習塾を営んでいた彼は、空前のバイクブームをひどく嫌っていた。その理由として、塾へのバイク通学は当然禁止にしていたのに、コソッと乗ってきた高校生の生徒が事故に遭った、とか。彼自身はオートバイの知識など全然ないのに職員が購入したばかりの原チャリにまたがらせてもらい、アクセルを思い切りひねったら車体だけ飛び出して（当たり前だ……）腰を痛めた、とか……。

「バイクなんてもんは跨った瞬間、死ぬんだ！」と、私たち兄妹に常々言い聞かせてきた父である。ジブンが子の親となったいま、彼の気持ちはもちろんわかる。すごく共感する。けど80年代初頭、バイクブームにともなって増加した高校生の交通事故件数や、全国各地で増えた暴走族による危険走行や騒音により、一大ムーブメントが起きた「高校生に免許を取らせない」「買わせない」「運転させない」の〝3ない運動〟ではないけれど、単にオートバイを子どもから取り上げるのではなく、ジブンも実際ちゃんと乗ってみて、ルールや危険性をじゅうぶんに教えてもらいたかったと、少し残念に思う。

……なんてことは置いといて、23歳の初秋いろんな偶然が重なり中型自動二輪の免許を取った私である。たまたまドライブに出かけた長野ですてきな老夫婦のライダーを見かけたこと。なんでかわからないけど周りの友人が続々と二輪の免許を取り始めたこと。さまざまなタイミングが相まって、オートバイが急に向こうの世界からやって来た。

とはいえアンチ二輪な父のこともあり、中型自動二輪免許（中免）の取得は両親はもちろん、その当時入ったばかりの所属事務所にも内緒にしていた。そうそう、そのころうちの事務所はモデルを多数扱う、いわゆるモデル事務所だった。「商品であるモデルがバイクなんてトンデモナイ！」という雰囲気だったのは言うまでもない。だから私がオートバイの免許を取ったよと、事後報告したときの驚いた社長の顔ったら。

けれどここからが社長のすてきなところで、その資格を最大限に生かしてくれた。わが所属メンバーの急なカミングアウトに腰を抜かしそうになりつつも、某ラジオ局が募集していたバイク・レポーターのオーディションを、すぐに見つけてきてくれたのだ。その仕事内容は、当時大ブームを巻き起こしていた250ccのビッグスクーターに跨って、都内の人気スポットなどからレポートを入れるというもの。運良くオーディションに合格した私は1年半ほど仕事をさせてもらった。

免許を取ったと同時に購入したファーストバイクは、スズキのカタナ。1980年代に西ドイツのケルンショーで発表されたオートバイだ。日本刀をモチーフとした先鋭的フォルムと基本性能の高さを両立させたデザインが反響を呼び、「ケルンの衝撃」と言われたそうだ。中免しか持っていなかった私は、1100ccの初代GSX1100Sカタナを忠実に模した400ccの〝小刀〟を選んだ。身長が160センチない私が跨ると、「イレブン（1100ccの愛称）に見える！」とよく言われたものだ。そのオートバイでラジオ局へと毎日出勤した。

次第に中免では乗れないオートバイがたくさんあるのが悔しくなってきて、すぐ大型自動二輪免許を取得。たまたまそのころ、信号待ちで隣り合った男性のオートバイが気になって車種をたずねてみると、「ハーレーのスポーツスター」と教えてくれた。翌日にはハーレー屋を訪れ、小学生のころからコツコツ貯めていた貯金をすべてはたき1200ccのスポーツスターを買った。若さゆえとはいえ、いきなりなんという無謀さか。余談だが、そのオートバイとは妙に相性が合い、20年近く経った現在も乗り続けている。もうひとつ余談。中型から大型に限定解除したことも、勢い余ってハーレーを購入したことも両親に

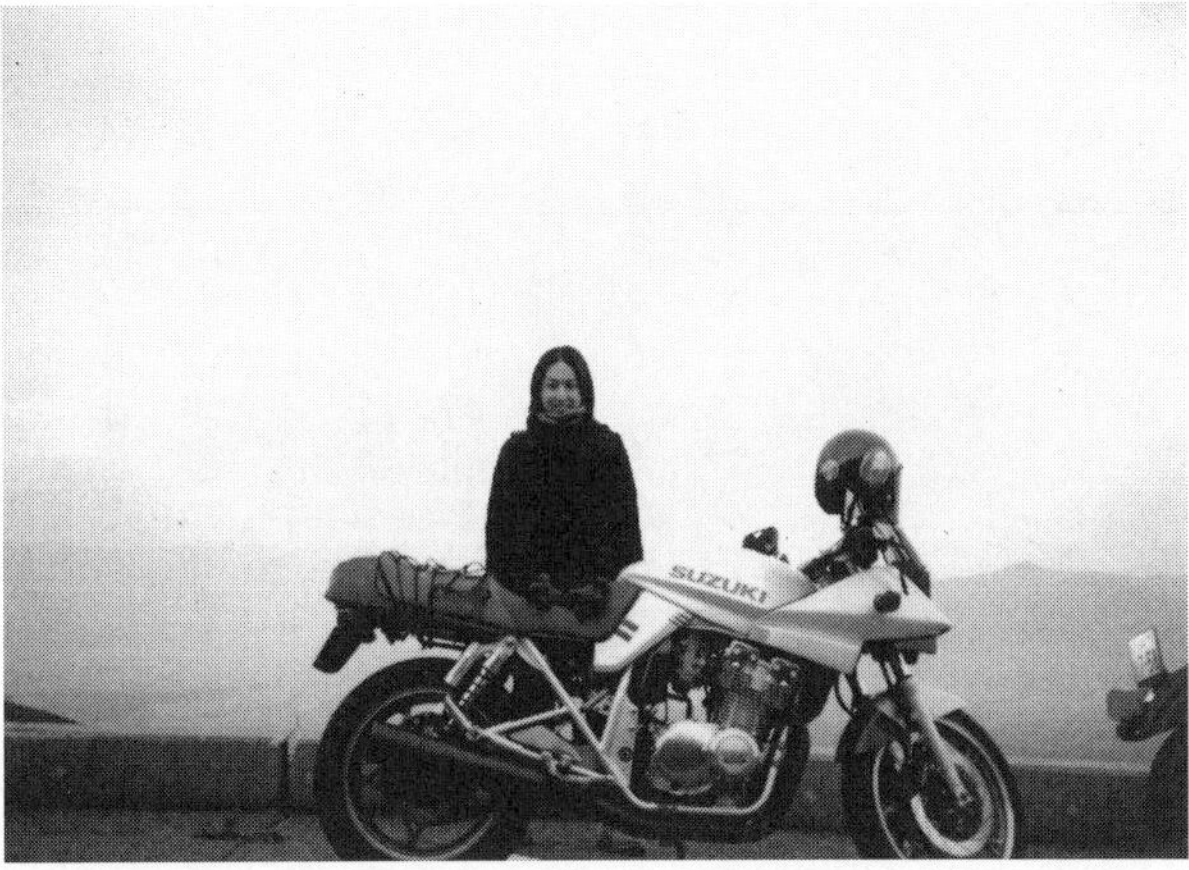

富士山スカイライン五合目あたり。中免を取って間もない手に汗握るツーリング。

は黙り通したままだった。

私にとってオートバイは、それまでまったくと言っていいほど興味がないジャンルだった。でも、そういうものにかぎって一度ハマると惚れこみ方はものすごい。なんだか恋愛と似ているのかもしれない。あんなオトコ全然好みじゃない、むしろ苦手だし……。とか言っておきながら、ふとした仕草にキュンとして、気づいたら夢中になっていた……。みたいな。それとそのころ働いていたラジオ局。朝も夜もない忙しい時間を過ごしていたこともあって、子どもじゃないけど、「押さえつけられるほどに飛び出したい」という思いが溜まっていた。仕事が忙しいと、愛車でどこか走りに行きたくて仕方なかった。深夜だろうが、雨の日だろうが、少ない時間をフルに使ってあちこちツーリングに出かけたものだ。

ところでラジオのレポーターの仕事は拘束時間は長かったが、レポートを入れないときはかなりヒマで、「どうしたら大好きなオートバイで旅を続けられるだろう」と、妄想ばかり繰り広げていた。ふっと思い浮かんだのが、旅のエッセイストになることだった。週末、思う存分オートバイで走り回り、週明けはラジオ局にラップトップを持参。空き時間

日本一周中、岩手県の海岸線を走っていた。なんか気になる道があり進んでみたら重茂《おもえ》半島に着いた。カラッとした秋の風、最高のツーリング日和。

を見つけては文章と写真で旅のレポートをまとめた。雑誌のようなレイアウトに作り上げ、そのエピソードが20個溜まったところで、社長と私との共同作業で雑誌社に送った。たしか50社くらい送ってやっと2社から反応があり、さっそく連載エッセイを書かせてもらうことになった。次第にそっちの仕事の方が忙しくなり、私はラジオ局の仕事を辞めて晴れて旅のエッセイストになったのだった。

それからの日々は、実際よくオートバイに乗ったし、けっこうな距離を走ったし、あちこち遠出したりした。

カナダを東西に横断する幹線道路網、トランス・カナダ・ハイウエイを西から東に向かって大陸横断した。バンクーバーを出た当初は味気ないハイウェイといった感じ。ロッキー山脈が近づくにつれ雄大な風景が楽しめた。

おそらく月の半分以上は取材に出かけていた。毎日が時差ボケみたいな感じで、楽しいけれど忙しかった。全力で過ごした20代を経て、（あとでしっかり書こうと思うけど）34歳のとき有明港から船積みした自前のオートバイ——、悪路も難なく走れるオフロードタイプのホンダXR230で世界一周した。その旅から戻りすぐ結婚し、あっという間に子どもが生まれ、気づけば40代に突入した。

23のときに購入したハーレー・スポーツスターはいまだに所有している。世界を回ったホンダ車も健在だ。どれも思い出深い品だけど、これからのオートバイライフについてジブンなりに考えていることがある。ひとまずオートバイは全部手放しちゃおうかな、ってこと。次のステージに進んでもいいのかなと、かなり具体的。あれだけ乗ったハーレーを？　誌面にもたくさん登場した思い出の車両を⁉　私といえば「青いチェッカーフラッグ柄のスポーツスターだ！」と、所属事務所の社長は残念がるが、あのオートバイを買った20代のときと現在では状況が違いすぎる。でもひとつ言うなら、オートバイからは絶対に降りない。都市部などで最近大流行しているカーシェアリングや自転車シェアリングのように、「バイクシェアリング」をたくらんでいるのだ。つまり、ジブンで車両は持たないけれど、ふらっと乗りたいときに借りようというわけ。

ちょっと前だったか、近所にそういう店を発見した。もともとは二輪ショップなのだけどバイクシェアリングにも加盟。調べるうちに最近は旅先でもそういった店がどんどん増えていることを知る。飛行機で現地まで飛んで、半日とかオートバイを借りてふらっと走り回るのもいいかもしれない。それなら家族旅行中でも可能かも。自走では遠い北海道や九州や四国や、ハイライト的な場所にサッと行けるなんて最高じゃないか。よっぽど時間が有り余っているライダーではない限り、なかなか自宅ガレージから遠くまでツーリングに出かけられないからね……。

これまでは愛車を一途に所有するのはバイク乗りにとって当然のことだった。でも、しばらくエンジンをかけていないとバッテリーが気になる。20年近くも乗り続けてきた愛車は、こまめにメンテに出しているので見た目はきれいかもしれないが、じつはいろんな箇所がへたっている。高速走行とか、やはりどこか不安はある。また、2年に一度訪れる車検に財布が寂しくもなる。なにより車検を受けた2年間でいったい愛車に何回乗っただろうと、1回分の料金を計算しては、そのコスパの悪さに驚く。一番の問題は置き場所だ。

現在スポーツスターもXR230も実家に置かせてもらっているが、さほど乗らないオートバイ。肩身は狭い。けれど、時代は変わった。クルマも船もオフィスも別荘も、ブランドのバッグだってシェアする時代だ。

人生は短い。20年も同じ愛車に乗り続けたのだ。これからはいろんな種類のオートバイで楽しむのも悪くない。本当に気に入った車種があったら購入するのもアリなのかな。こればっかりはわからないけど。

クニイ的コラム 青春の場所

仕事柄仕方ないことだけど、旅エッセイストをやっていると、インタビューされるときなどに「どの場所が一番好き？」と必ず聞かれる。季節によってお気に入りの場所はもちろん違う。でも「夏の北海道は私のなかでマスト！」と、答えている。気づけばオートバイに乗り始めてからほとんど毎夏訪れている北海道。夏が来るたび今年も北の大地に行くことができたとホッとして、やっぱり最高、夏の北海道！　私の青春の場所!!　とうれしくなる。今年の夏はどうだろう。行けるかな？

初めての北海道は小学校１年のときの家族旅行。クルマに布団を積んでカーフェリーで北海道上陸。ひたすらオショロコマを求めて原野を釣り旅行。いま考えれば父はなんて壮大な経験をさせてくれたんだ！

アウトドア雑誌の表紙撮影でニセコへ。滝壺に飛びこんだり、川の流れとともに渓谷を下ったり……。ファイトー！　イッパーツ！　な体力勝負のお仕事でした。楽しい！

北海道の魅力は夏だけではない。パフパフのパウダースノーや身の締まった海の幸を求めて冬にもよく飛びます。

なぜかトレッキングに目覚めた2004年。毎週のように山に登っていた。北海道はトレッキングルートの宝庫。写真は十勝岳。

登別《のぼりべつ》の温泉街で目覚めた朝、散歩がてら源泉・地獄谷へ。

関東が暑いときは避暑も兼ねて厚手のウエットスーツを持ってサーフィンへ。海水が氷水みたいに冷たい。かき氷食べたときみたいに頭がキーン。気持ちいい！

息子と一緒にレンタルしたキャンピングカーで釧路から塘《とう》路《ろ》に行ったときのこと。このまま先に進むのもつまらないので、広大な湿原を見渡せる展望台に行こうと思った。そのあたりでは運が良ければタンチョウヅルにも会える。展望台まで砂利道を延々走った。じつをいうと私は2004年、この道をスポーツスターでも走っていた。そのオートバイはポジション的に未舗装路がそんな苦ではない。前方に2台のスーパースポーツが立ち往生していた。よく見ると前の晩、宿でご一緒したおじさんたちだ。「このオートバイで砂利道は怖くてねぇ」と、彼らは肩に力が入りまくっていた。自称スピード狂のふたり、茨城から「あっ！」という間に青森まで走り、青函連絡船に乗って釧路に着いたと言っていた。そんな彼らをトコトコ抜く。ふふふ、お先に失礼♪ コッタロ湿原展望台にて、2004年8月と2016年6月。

2004年8月

2016年6月

子どもと一緒に初めての北海道に渡ったのは、息子が１歳３ヶ月のとき。2014 年夏だ。キャンパーをフェリーに積んで渡った。コストを考えたら、マイル利用の飛行機で飛び、現地でキャンパーをレンタルした方が安上がりだったかも。何事も勉強。全国でも珍しい海辺にある天然の露天風呂、椴法華《とどほっけ》の水無海浜温泉。

いい気分で鮨屋から出るとキタキツネが２頭、店の前でお座りして待っていた羅臼にて。

あこがれの世界一周

あこがれは遠い存在

ツーリングとかモトクロスとかサーフィンとか自転車とかトレッキングとか、すっかり「アウトドアな私」が定着しているが、昔は家でゲームばかりしているインドアな子どもだった。シューティングモノとか格闘モノとかまんべんなく遊んだけど、ゲームのなかでどっぷり旅するドラクエなどのロールプレイングモノの世界観はなんともいえず好きだった。そのときから心のどこかで「いつかは世界一周がしたい」と思っていたのかもしれない。

20代前半、ひょんなことからオートバイを通じて旅の楽しさを知った。その趣味にのめりこむにつれて、世界の旅への欲望がどんどんふくらんでいった。「いつかは行きたい」から「行ってやる」に気持ちが変わり、私はラジオレポーターの仕事を辞めた。大好きなオートバイと付き合いたいがために、旅のエッセイストになったのだった。ありがたいことに仕事はすぐ軌道に乗り、それに加えてアウトドアのおもしろさに目覚め、いろんなスポーツに挑戦した。インドアだった私を、オートバイがアウトドアに連れ出してくれたと言っても大げさではない。旅にハーレーにモトクロスにサーフィンに自転車に登山にキャンプに酒に恋愛に！　それらを回していくのに日々必死で、いつしか世界一周の夢は遠い存在になっていく。

そんなおり転機が訪れる。2007年の夏、突然父が病に倒れたのだ。アンチ二輪のあの父である。そうそう、彼にはずいぶん長い間オートバイに乗っている事実を隠し通していた。途中で面倒くさくなって、「オートバイは仕事で仕方なく乗っている」と伝え、しぶしぶ認めさせたのだった……。そんな父が、お腹が張る。吐き気もする。母の強い勧めでイヤイヤ町医者にかかると腹水が2キロも溜まっていることがわかった。すぐさま大学病院で精密検査した結果、父の身体はすでに手の施しようもない末期ガンに蝕まれていた。旅先で受け取った兄からの連絡に、思わず私は、「ウソだ！」と叫んだ。というのもつい数日前、電話で父と話したばかりだったからだ。ひとりでゴルフに行って、飛び入りでシングルプレーヤーふたりと回った……と、うれしそうに彼は言っていた。シングルプレーヤーたちに7打差を付けて父がトップ。スコアは77だったと、電話の向こうで自慢げに話していた。なぜそんな元気な父が末期ガンだというのか。

しかし病が発覚して以降、父は日に日に弱っていき、食べられない、水すらノドを通らない、あれだけ恰幅のよかった身体は瞬く間に痩せ細った。腹水が溜まったお腹だけ丸く突き出して、手足はガリガリ。直視するのがつらすぎる哀れな姿となり、宣告から84日目。いよいよ父が危ないと近所の病院に救急車で運ばれた日の深夜、母と私は病室で父の手をギュッと握り、可哀想なくらい骨張った彼の肩を何度も叩き、「あと10分でみんな来るからがんばって!」。そう頼んだけど父は死んでしまった。

まるで陳腐なドラマのように、心電図が平らになったのを見たとき、私はちょっとだけ泣いた。あと、父が末期ガンだとわかった日にも泣いた。けれどそれ以外は笑っていた。なぜなら哀しいこと、つらいことに直面したとき、父はその感情を笑いに変えるのが上手だったから。その教えをしっかり受け継いだ兄と私は、父が病に伏しているときいつも彼の傍で笑っていた。

あるとき訪問看護師に驚かれた。

「こんなに明るい家族は初めて」と。ひょっとしたら、不謹慎だと呆れられたのかもしれないが、それでも私たちにとってうれしい言葉だった。

そんなこんなで2007年の夏は、私たち家族にとって忘れられない日々となったわけだ。それ以前までは毎年夏になると、両親はリタイアと同時に建てた長野の山小屋で過ごした。兄と私は、おのおのいつもどこかを旅していた。けれど父が病と闘ったその年は、全員が父の要望に従って過ごした。本当は入院してくれた方がわれわれは絶対的に安心だったが、心底病院嫌いだった頑固ジジイは一瞬だけ長野の山小屋に行ってみたり、「やっぱりホテルで過ごす！」と、品川のホテルに半月間滞在してみたり。両親の不在中、残された飼い犬の世話をするため私は実家に寝泊まりした。品川のホテルにも毎日スポーツスターで見舞いに行った。コロコロと気持ちが変わる父はまさに「朝令暮改」。目に余るわがままっぷりに、口論になったこともあった。

「最期は自宅で死ぬんだ！」と言う父の要望通り介護の手配をし、ベッドもレンタルしたにもかかわらず、突然「ホスピスに行く！」と予定変更したある朝、なんでそんなことを言うんだ！と、もうすぐ死にそうな病人相手にはらわたが煮えくりかえる気持ちになった。

家族に面倒を見てもらうのが当たり前みたいな顔をしている父に、「もし私たちが会社員だったら、こんなふうに動けないよ！」と、兄と私はよく釘を刺した。

「バカ！　オレのおかげでみんな集まれたんだぞ。感謝しろ！」

父は、笑いながら切り返す。そんな彼の口癖は「バカ」。なんだか毎日１００回くらい、死ぬ寸前まで、「バカ！」と言われた気がする。

「まったく勝ち逃げしやがってよ」

火葬場で、兄が父に対してそんなことをつぶやいた。日本人の多くは病気となって、長い闘病生活の果てに死を迎える。もしくは脳卒中や心臓発作や交通事故などで、たくさんの悔いを残したまま一瞬で逝ってしまう。けれど父は、まるで計ったように、84日間という「ちょうどいい」時間を私たちにくれた。その時間中、私たちはみんなでじっくり話すことができた。協力し合うことができた。私がいま、なんで生きていられるのか考えることができた。家族っていいなと素直に思った。「家族」というより、「チーム」だね。私は、いいチームに恵まれたと、しみじみ父に感謝した。だから父が亡くなったとき、哀しいとか寂しいとかよりも心底ホッとしたのを覚えている。

趣味に生き、仕事に生き、欲しいモノをほとんど手に入れ、家族にわがままを言いまくり、68歳、まだまだ衰えるには早い年齢で天に昇った父だった。おまけに亡くなってからも、彼の型破りな遺言に私たちは振り回された。それというのも私の両親は駆け落ちをして一緒になった経緯があり、父は長男だが先祖の墓に入ることを許されなかったのだ。だから父の遺言は、「葬式ナシ、墓ナシ、戒名ナシ」。それはもう前例のないことだらけで、私たちは父が居なくなった喪失感に暮れる間もなく駆けずり

父との最後の旅となった奄美大島の南、ヤドリ浜。まさかこのとき父が病に冒されているなんて知るよしもなかった。

回った。母がぽつり、「私のときは〝ふつう〟でいいからね」と言った。あの疲れた顔がいまでも忘れられない。

父からの思いがけないプレゼント

父の骨は、われわれ家族とゆかりのある千葉県勝浦の沖合にみんなで漁船に乗り合って散骨した。「葬式ナシ」という遺言に関しては、華やかで楽しいことが大好きだった父を思い、新宿のホテルで〝お別れ会〟という形で行った。喪服NG。ぜひ華やかな装いでお越しください。そんな便りがイキナリ届いた招待客らは、いま思えば皆困っただろう。

家族にはわがままいっぱい、いつも威張り散らしてややこしい父だったが、周囲からの人望は厚かったようだ。お別れ会には日本中、世界中から懐かしい人々が訪れてくれた。そのなかに父のずいぶん昔の教え子がいた。都内で小さな学習塾を営んでいた父の教え子だったNさんは、小中高と父に教わり、大学進学後は塾講のアルバイトをした。現在は大手物流会社のニューヨーク現地法人社長を経て日本に戻り、彼のふたりのお子さんも父の塾で講師をしてくれた。まさに家族ぐるみの付き合いをしているNさんだけど、パーティの最中、私にこんなことを言った。
「僕ができることはリッチャンを世界に運ぶことだと思う」
Nさんは、父への恩返しとして何か私の仕事に協力したいとおっしゃった。ふたりでしばし宙をにらんだ。ふっと思い浮かんだのは、大昔夢見ていた世界一周だった。そのことをNさんに言うと、俄然顔が生き生きして、「オートバイもろとも世界に運ぼうか!」と言った。

そうと決まれば話は早く、車両運搬はJAFが発行しているカルネを使うことにした。カルネとは自家用自動車(自動二輪)の一時輸入の通関手続きを、簡素化する書類だ。これがあれば申請して1年間、日本登録のまま外国を走ることができる。カルネが使えない国もあるので、出発までにNさんと何度もミーティングを重ねた。打合せはたいてい、私が仕事部屋として使っている亡き父の部屋で行った。Nさんはいらっしゃるや、まずは父の写真の前で丁寧に手を合わせた。

Nさんのアドバイスもあり、旅の行程は極力安全な方法を選んだ。たとえば出発地は、交通ルールやマナーが成熟している北米大陸にしたり。北米は私自身何度もオートバイやクルマで走ったことがあり、場所に気をつければ治安もそれほど悪くない。その地で海外の走り方に慣れたら、次はオーストラリア大陸へ。さらにヨーロッパへ。ヨーロッパにはたくさんの国々があるけれどEUに加盟していれば、ひとつの大国のような感じで自由に国境を行き来できる。一方で南米、アフリカ、東南アジアはいくつもの国境越えをしなくてはいけなかったり、なかには社会情勢が不安定な国もある。それらの大陸はバックパックを背負い、行ってみたかった場所や世界遺産だけを選んで回ることにした。

ルートが決まれば今度は車両だ。悪路を

世界一周で使う車両や道具や、船積みする準備は大井埠頭にてジブンでやった。
約1ヶ月後このオートバイを追いかけ飛行機でシアトル入りする。

走ることも考えてタフな作りのオートバイがいいだろう。もし誰もいない場所で転倒してもジブンで起こせるホンダのオフロード車、XR230を選んだ。それから日程をどうするか。コスト面で考えたら、本当なら日本からずっと出っぱなしで旅する方がいい。けれどいくつかレギュラーの原稿を抱えていることを考慮し、大変にはなるが1年半の間に日本と海外を7回行き来することにした。旅の予定はこんな感じだ。

1 北米大陸横断ツーリング（2009年8月〜）
2 南米大陸世界遺産バックパック旅（2009年10月〜）
3 オーストラリア4分の1周ツーリング（2009年12月〜）
4 インドネシア（バリ島、ロンボク島）サーフ&ツーリング（2010年2月〜）
5 アフリカ大陸いいとこ取りバックパック旅（2010年4月〜）
6 ヨーロッパ縦横無尽ツーリング（2010年6月〜）
7 東南アジアバックパック旅（2010年12月〜）

なんだか急に世界を旅する運びとなった。まるでオートバイと出合ったときのように、世界一周が遠くの方からとんとん拍子でやって来た感じだった。もとい、元を正せば父が世界に連れて行ってくれたのである。

そして私には思っていたことがあった。この旅を最後に、ずっと続けていた〝24時間すべてジブンのために使う自由な生活〟に終止符を打とう。次の人生に進もう。つまり結婚しよう、と。

自由な生活はそれはそれは楽しかった。「人生最高！」だと思っていた。でもふとしたとき、妙な寂しさを覚えた。周囲を見渡すと、一緒に遊んでいた仲間たちはいつしか結婚し、子どもができて、次のステップに向かって歩き出している。それなのに私は同じ場所に立ち止まったまま。楽しいけど寂しい。34歳ごろからこのモヤモヤした変な気持ちが顕著になっていった。同時に「自由」なことに飽き始めているジブンもいた。いい機会だ。結婚するならいましかない。

世界一周は、私なりの「けじめ」だった。この旅から戻ったら、私は変わろう。次のステップに進もう。われながら、ずいぶん壮大な「けじめ」だけどね。

シアトルから入りカナダ経由で北米大陸横断。ゴールのＮＹＣでは物流会社の皆さんがサプライズパーティを開いてくださった。

母も同行したアフリカの旅。ケニアのマサイマラ国立公園にて。マサイ族は高くジャンプするほど女性にモテるとか。日本人のモテ基準は何？ 性格？ 財力！？

どうしても行きたかったチリのイースター島。マウンテンバイクを借りて島中に散らばるたくさんのモアイ像を見て回った。

アルゼンチンとブラジルにまたがる世界最大の滝。ナニゲに私は滝が大好き。世界三大瀑布(南米イグアス、北米ナイアガラ、アフリカのヴィクトリア大滝)は当然制覇。そのなかでも圧倒的スケールを誇るイグアスの滝が一番のお気に入り。

めちゃくちゃ寒くてビックリしたインドは冬のデリー。温かいチャイが身に染みる。

スイスはレマン湖北岸の丘陵地帯に広がるラヴォー地区。ローマ時代よりぶどう栽培が盛んに行われ、スイス有数のワインの産地となっている。現在ぶどう畑の原型は、この地を修道院が支配していた11世紀ごろ形成されたと考えられている。テラス状に広がるぶどう畑とぶどう農家が暮らす小さな村が織り成す景観、ワインづくりの長い伝統と歴史を評価され、2007年に「ラヴォー地区の葡萄畑」の名でユネスコの世界遺産（文化遺産）に登録された。

オーストラリア大陸の真ん中で何かをさけぶ

ウルルへ

〝地球のヘソ〟と呼ばれているオーストラリアのエアーズロック。それはアボリジニ語でウルルとも呼ばれている。昔からどうしても行ってみたい場所のひとつだった。ワープできる飛行機の旅も好きだけど、あこがれの場所にはジブンのオートバイで行きたかった。はるばる旅したからこその感動があると思うのだ。その思惑通り、アクセルを開けるたびに着々と近づくウルルに私はひどく興奮していた。

世界一周の最中、２００９年12月から２０１０年1月にかけて、砂漠に南北に刻まれた一本道のスチュアート・ハイウエイをひたすら走り、あこがれのウルルに到着した。40℃を超す気温のなかオートバイにくくりつけていた、もはやお湯のようなミネラルウォーターを一気飲みした。ウルル－カタジュタ国立公園のなかに例のウルル。そこから約50キロほど離れた場所には大小36の岩からなる岩群がある。「カタジュタ」と呼ばれていて、

「たくさんの頭」を意味するアボリジニ名だとか。ひとつひとつの造形がとにかく巨大。時間や場所によって見え方がまったく異なり、地球が織り成す芸術を目の当たりに、いまがいつなのか、ここがどこなのか何度もわからなくなった。オートバイで2週間かけてようやく手に入れた壮大すぎる景色になんだかジンとした。やがてそろりそろりと夜がやって来て、おびただしい数の星が頭上を覆った。私は完全に舞い上がっていた。

国立公園の入り口に近いエアーズロック・リゾートに宿をとり、そんな

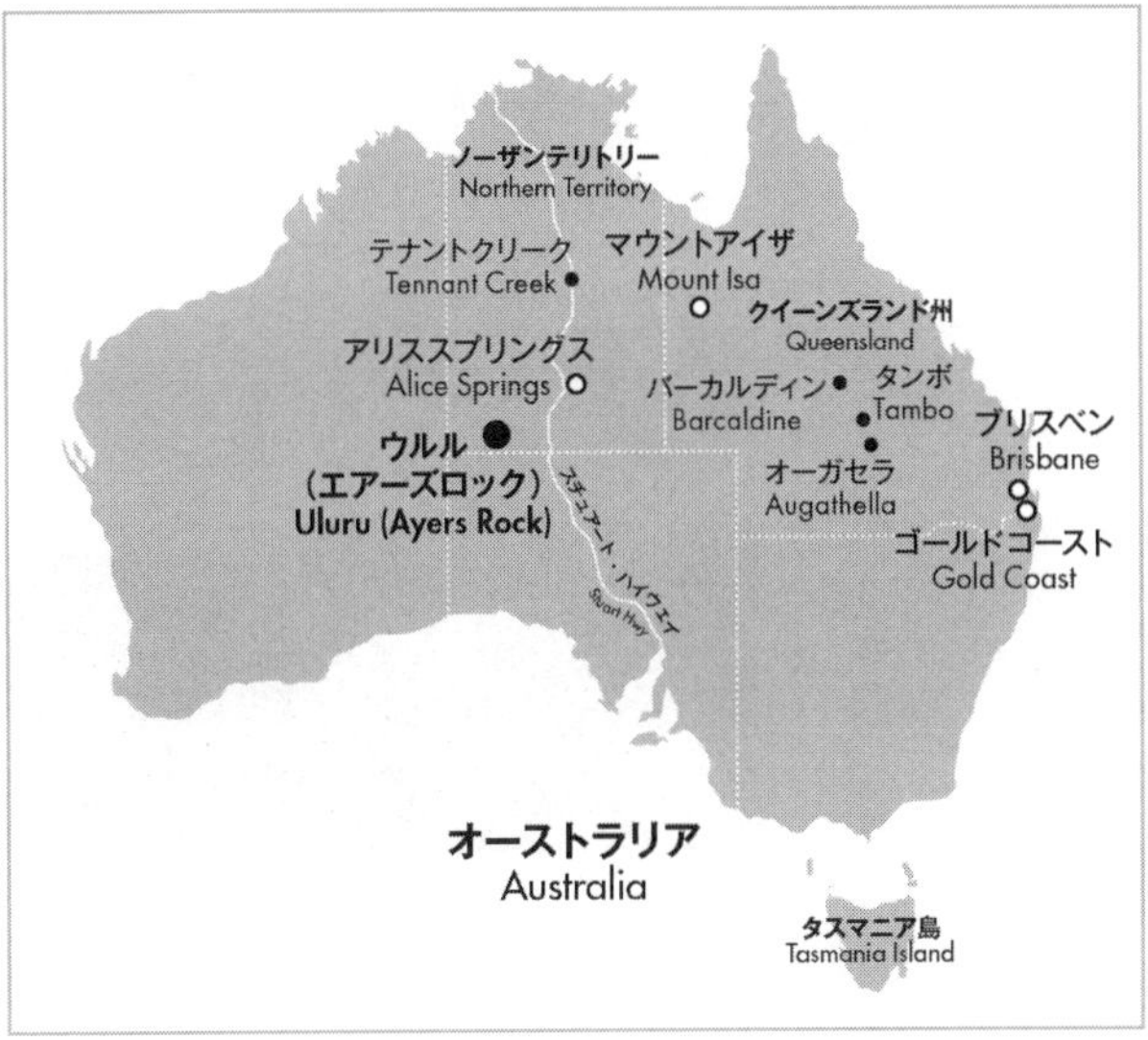

ふうに3日間ほどウルルを堪能したのだった。〝ジブンのオートバイであこがれの地へ行く！〟という私のなかの一大イベントが終わってしまい、心にぽっかり穴が空いた。こうなったら次のイベント、〝GC（ゴールドコースト）で暮らす友人とサーフィン三昧の日々を送る！〟という新たなニンジンを鼻先にぶら下げた。すると私の気持ちは延々続く退屈な砂漠を飛び出し、GCのきらめく海に向かった。サーフィン！　友人！　シーフード！　そうと決まれば最短距離を走りたい。大晦日の晩、アリススプリングスで世話になった宿主に私は地図を見せながらこんなことをたずねた。

GCに行きたいのだが、AとBのルートどちらが最短距離？

すると宿主は「AもBもリスキーすぎる。モーターサイクルならなおさらだ。スチュアート・ハイウェイ（C）で北に上ってからGCを目指した方が安全だ」と、予想外のこ

地図を見ると明らかにコッチの道の方が距離は少ないのだけど、見るからにヤバそう……。行ってみて引き返すのもガソリンと時間の無駄なので、「急がば回れ」作戦で。

とを言ってきた。彼いわく、ＡもＢも道が悪いうえガソリンスタンドがないそうだ。あったとしてもただいま正月。営業しているか果てしなく怪しい。それなら７００キロほど遠回りになるがオーストラリアの南北を繋ぐＣのメインルートで行った方がいい。

７００キロといえば東京から青森か……。と、日本に置き換えたらえらいことだが、〝急がば回れ〟ってヤツだ。そんなわけで年明け早々、ＧＣに向けて早朝から走ることになったのだった。

動物天国オーストラリア

この国ではさまざまな動物と出くわす。新しい生き物を見かけるたびに路肩に止まりシャッターを押した。旅の初期、タスマニア島では体長70〜１１０センチほどの、鼻が短く見た目がボテッとしたウォンバットが路肩にウジャウジャいた。それから動きは鈍いが背中がびっしり鋭いトゲで覆われているハリモグラも見かけた。踏んだらタイヤがパンクしそうで怖かったけど。また、アウトバックと呼ばれる内陸の不毛地帯ではもともと飼育していたものが野生化したのか、群れをなした牛がいた。荒野にいるそれはものすごくスリムで、砂漠を軽快に駆けていた。そういえばアウトバックにはラクダもいた。いま挙げた動物だけでは町外れにある動物園のようなしょぼいラインナップだが、スター選手だっている。コアラだ。〝この先●キロ区間コアラに注意〟の看板を見つけ、頭上の木をキョロキョロして走ると、ネコのおしっこみたいな臭いがひときわ強い場所には必ずコアラがいたものだ。

この大陸で一番よく見る動物はなんといってもカンガルー。甘えん坊な子どもをお腹の袋に入れて育児をしている姿はほのぼのするが、一部の種類を除き、カンガルーは増えすぎたためこの国では厄介者扱いされている。田舎を走るクルマはカンガルーに激突されても車体が傷まないよう、バンパーの前にルーバーという太い金属製のパイプで装甲。日本の若者の間でもずいぶん昔、車高をリフトアップし

この国を走っているとさまざまな種類の“動物注意”の看板がある。コアラのときはとびきり気持ちが上がる。あっちこっちキョロキョロ。ツーリングしながら動物園にいる気分。

た四駆に取り付けるのが流行り問題になったことがあった。あれが付いているクルマに歩行者が接触すると当然だがケガの度合いが増すからだ。見た目仰々しいルーバーだが、アウトバックを走っているとたしかに必要。そう思うほどクルマに跳ね飛ばされたカンガルーの多いこと。ウルルからアリススプリングスへ向かう途中の約２００キロ区間、あまりにヒマすぎて何頭が天に召されているか数えてみた。なんと66頭！　約3キロに1頭ペースだ。でも私がオートバイに乗っている日中は、生きているカンガルーを見たことがなかった。じゃぁいったいいつ活動しているかというと、夜明けである。

　元旦早々、夜も明けやらぬ早朝、アリススプリングスを出てテナントクリークへ向かって一路北へと走っていた。乾燥した砂漠地帯の、シンとした涼しさ。正月だからか、すれ違うクルマはほとんどいないすがすがしい朝だった。と、50メートルほど先におとなのカンガルーが

なんとも可哀想なカンガルー。死骸の傍を通るとき、数十メートル手前から息を止めないとヤバイくらい臭いがきつかった。

2頭、8メートルくらいの道幅を2ステップで軽く横切った。とんでもない速さに私はしばし呆然とし、そりゃこいつらクルマに轢かれて死ぬわねと呆れた。翌早朝もまた宿を出発して15分以内に2頭見た。クラクションを鳴らすと身軽に跳ねながらどこかへ消えた。お願いだから飛びこんでこないで！　懇願しながら早朝の砂漠地帯を走った。

恵みの雨

オーストラリアを縦断するスチュアート・ハイウエイを数日間かけて北上していた。アリススプリングスを過ぎたあたりから熱帯地方が近づいたからか緑が増えた。荒涼とした砂漠地帯から一転、生命の息吹を感じる景色に変わった。ヒトの背丈ほどある大きなアリ塚。鳥の種類も増えた。鳥はまさに〝チキンレース〟でもしているかのように、私に向かって飛びこんできてはすれすれでかわした。しかし1匹、XR230のタイヤにはじかれた間抜けな鳥もいた。緑が増えたということは虫の数もハンパない。厄介なのはバッタだ。メットにバチーンとぶつかってはシールドに黄色い汁が爆《は》ぜ、一瞬前が見えなくなった。バッタの自爆テロはしばらく続き、ヒザや足の甲にぶつかられるたびに私は顔をしかめた。一方、カンガルーの死体は目に見えて減った。気温は相変わらず高い。だけどいまにも焼き殺されてしまいそうな砂漠の太陽から、湿気というフィルターを通したただ暑いだけの日差しに変わった。スピードを上げれば体感は涼しい。どこか日本の夏と似ていて、懐かしい気持ちになった。とはいえノーザンテリトリーからクイーンズランド州に入ると30分の時差が生じ、島国で暮らす私にとって大陸での時差は相変わらず違和感があった。なんてことをあれこれ思ったり、ほんのちょっとのどうでもいい想像をお供に、私はひたすらヒマに耐え、GCを目指した。なかなか縮まらないゴール。長距離過ぎるツーリングは修行のようだった。

オーストラリアの真ん中より少し右、マウントアイザという町の10キロほど手前で突然涼しくなった。すると目の前に立ちこめる暗雲。間もなく大粒のしずく

こんなに焼き殺されそうな日差しは生まれて初めて。これが砂漠の夏というモノか。給油休憩時の日陰がありがたいオアシス。

がバラバラバラと落ちてきた。カッパ、カッパ！　荷物にもカバーを!!　急な事態に大わらわだったが、ほぼ眠っていた脳みそが久しぶりに動いた気がした。路肩に止まりあれこれやっている間、通り過ぎざまクルマが2台「大丈夫か？」と声をかけてきた。この国のヒトは移動とか旅とか異常事態とかで助け合うことに慣れている。大騒ぎの雨だったが、久しぶりのお湿り。気温が急激に下がり、〝恵みの雨〟ってこういうことだろうか。雨に打たれながら私は浮かれた。というのも空気が乾燥しているせいでこのごろ肌の調子は最悪だった。走行中、グローブとジャケットにできた微妙な隙間がピンポイントで日焼けした。その日焼け跡に湿疹ができてしまった。めったなことで風邪をひかず、毎年行う人間ドックでは「全身健康体！」と、ドクターからお褒めの言葉をいただく私だが、唯一の弱点は肌。とにかく、私みたいな敏感肌にとって乾燥は大敵だ。それがここに来て急に収まったのは、まぎれもなく湿気のおかげだった。明日もまた雨マークが出ている。カッパとバッグカ

砂漠地帯における恵みの雨。

バーはすぐ取り出せる場所に準備しておこう。この大陸での雨は悪くない。道は真っ直ぐだし、信号や前後のクルマもほとんどない。危険要素が少ない場所での雨はただただ気持ちよかった。

まさかの「!!!」

翌日バーカルディンまでは順調に進んだ。しかしブラッコールまでの道中、雲行きが最高に怪しくなりカッパを着た。鋭い稲光に無駄な抵抗とはわかっていても、クロームメッキされたピカピカのタンクキャップをつい手で隠した。その後笑っちゃうくらいの豪雨となり、浸水した靴のなかで足が泳いだ。道路はまるで川だ。対向車から浴びせられる水しぶきで視界がたびたびホワイトアウトした。誰だ、〝恵みの雨〟だなんて浮かれていたのは！　それにしてもオーストラリアの自然は厳しい。ほどほどというものを知らない。

雨は強まったり弱まったりを繰り返し、目の前の雲はどこまでもグレーで、しっぽり濡れた身体は涼しいを通り越して肌寒さで震えた。ハンドルにくくり付けた腕時計を眺める。時刻は18時少し前だった。今日はなんとしてもタンボという町に着きたかった。このつまらない移動時間を早く終わらせたかった。

ブリスベンから約850キロ東。オーガセラという町の10キロ手前で事件が起きた。時速80キロで走行している私のすぐ右脇にカンガルーの顔がはっきり見えたのだ。ミラーほどの高さはあるおとなの赤カンガルー。頭で考えるより先に私はカンガルーの脇腹を蹴っていた。その衝撃に車体が大きく揺れたが、衝突、転倒はまぬがれた。助かった！バックミラーを見ると道の真ん中に転がった茶色の物体はすぐに起き上がり、森の方へ飛んでいった。

ていうかカンガルー！

おまえバカだろっ!!

どうしようもない怒りがこみ上げてきた。だって道すがらよく見る野良牛や野良羊は、クルマやオートバイが来たらまず立ち止まり一目散に逃げて行く。なにも考えず、勢いだけで生きているのはカンガルーくらいのもんだ。だから数百メートルごとに死骸が転がっているんだ！

あり得ないほどの疲労感が押し寄せ、目的地よりだいぶ手前のオーガセラでこの日はオートバイを降りた。モーテル、スタンド、食堂ともに1軒ずつしかなく、しかもそれらはすべて同じ経営者のうら寂れた集落だった。もう走りたくない。降り続く雨も、ビショビショの靴も、飛び出してくるカンガルーの恐怖も、すべてうんざりだった。

強い雨音を聴きながら、さっき食堂で手に入れた白ワインを寂れたモーテルの部屋でなめた。いま私が無傷でここで酒を呑んでいるのがとんでもない奇跡のような、まるで夢のなかにいる気分にひたりながら。今日の出来事を思い出すたびに心臓がちくちくした。もしカンガルー・アタックをもろに食らって転倒していたら……。異国の、しかも辺鄙《へんぴ》な土地での事故。考えるほどに恐ろしくなった。カンガルーの柔らかいようで固い、身が詰まっている触感がスネに鈍い痛みとともにずっと残っていた。それにしても世界中でカンガルー・アタックを受けたライダー、何人いるだろう。皆さんもオーストラリアの内陸を走るときは注意が必要ですぞ。なに、そんな場所走らないから大丈夫？　ふーん。

クニイ的コラム 機械と良好に付き合うために

私が旅で使う機械は、クルマ、オートバイ、iPhone、ミラーレス一眼くらいか。というのもスマホの登場により、いままで持参していたラップトップやiPod、大それたカメラ機材などがいらなくなったからだ。ムービーも、簡単なものならスマホやミラーレス一眼でもかなりきれいに撮れるので、デジタルビデオカメラがなくても事足りるように。というわけで私が世界一周した2011年ころと比べたら、旅の荷物がずいぶん減った。

「旅先でオートバイやクルマが壊れたらどうする?」みたいな質問をたびたびされる。私はメカに疎い。旅先で壊れたら、にっちもさっちもいかなくなる。だから定期的にメンテナンスに出し、しっかり点検してもらうことに尽きる。バッテリーやタイヤなど消耗品は、まだ使えそうでもケチらず交換。そして雰囲気重視の外車の中古車などには絶対手を出さない。「補償」がしっかり付いた「そこそこの値段」の「新車」を「ディーラー」で必ず買う。パーツが手に入りやすい国産車なら言うことないが、外車でも「ディーラー」で買った「新車」ならまず安心だ。初期投資はもちろんかかる。けれど外車の中古車より結果的にずっと安上がりだったりする。

なぜこのような考えに至ったかというと、ずいぶん昔、中古のアメ車のSUVに乗っていた経験を教訓にしたからだ。アメリカをオートバイで回っていたとき、たびたびこの車種を目にして、いかついマスクが気に入った。けれど日本ではディーラーでの取り扱いがなかったので、並行輸入している中古屋で買うことに。1年半くらいは楽しく乗っていたのだけど、2005年夏、東北をサーフトリップ中、福島の北泉《きたいずみ》あたりでいきなり動かなくなってしまった。旅はここで終了。クルマ屋を営む友人に泣きついて東京からレッカーを手配。大枚はたいて運んでもらった。その後、SUVは二束三文で売ったのだが、このように外車の中古車で変なのをつかんだ日には故障ばかりですぐドック入り。補償もなく、愛車より代車に乗っている時間の方が長いという悲劇

お掃除ロボがいない生活は、もはや無理。常にどうやったら家事がラクできるか、手抜きできるかばかり考えている。

も。修理代が車体価格を上回ることだってある。なにより故障が気になり旅どころじゃなくなる！

SUVを手放した翌年、クライスラーのジープコマンダーという珍しい四駆に出合う。雑誌の取材で試乗したところ気に入ってしまったのだ。……また性懲りもなく珍しいアメ車!? 違うんです。私だって一応学習する！ このクルマが「正規ディーラー車」かどうか一番最初に確認。編集者に業者を紹介してもらい、2000キロ程度しか走っていない「新古車」を手に入れた。480万円で購入したコマンダー、サーフィンに旅にしっかり4年乗って、売ったときは320万円！ 全然アリでしょう?

それにしても自家用車は維持費がかかる。税金、駐車場、保険、車検、修理などなど。いま家にあるクルマはキャンピングカー1台。これはわが家のライフスタイルに欠かせないので手元に置いておくとしても、さほど登場しないオートバイは今後レンタルでじゅうぶんな気がする（「私とオートバイ」参照）。ちょっと味気ないといえばそれまでだけどね。

インターネットで簡単に宿が取れたり、グーグルマップのおかげで道に迷わなくなったけど、そんな現在になってもジブンの足で経験を稼ぐ「旅」はアナログな作業。不便な時間が新鮮で楽しかったりするのだけど。一方、自宅では急ピッチで機械化が進んでいる。旅や趣味に集中できるよう、掃除はすべて機械にやってもらおう。リビング・ダイニングなど〝パブリックスペース〟では毎朝の出勤前、食卓の上にイスをすべて上げてルンバをピッ。寝室や廊下やトイレなど〝プライベートスペース〟は、床拭きロボットのブラーバのスイッチをヒポパポ。それから食洗機にも毎食かなり助けられている。これらがない生活はちょっと想像できなくて、最近気になるのは窓ふき機だ。ほかにも極上のほったらかし料理ができるウォーターオーブン。大量のみじん切りが一瞬で完成、ハンドブレンダー。最近気に入っているのはヨーグルトメーカーだ。夜セットして朝にはとろとろのなめらかな手作りヨーグルトをいただける。その機械で作る甘酒のおいしさといったら、市販の甘ったるいモノはもう無理だ。

便利家電が大好きな私だけど、夫はアナログな昭和男。彼の口癖は「オレがやった方が早い」。家電をどんどん買う私に、あからさまにいやな顔をする。コレ買っていい？ たずねると「NO!」。最近はころ合いを見計らい、しれっと購入。ていうかジュエリーとかブランドもののバッグとか買うわけじゃないんだから、それぐらい散財してもいいじゃんねぇ……。

息子と一緒のグレートジャーニー

期間限定、息子との海外トリップ

私が結婚したのは2011年の8月25日、ジブンの誕生日だ。「プレゼントが1個減る！　もったいない！」なんて友人から言われることもあるけど、物忘れが激しいこのごろ、誕生日をあえて結婚記念日にあてた。欲かいて違う日になんか設定したら、たぶん結婚記念日のことなどすっかり忘れてふつうに過ごし、半年後くらいにハッと気づく。まぁいいやで終わらせていることだろう。

なんてことはさておいて、息子が生まれたのは2013年の5月。彼が2歳の誕生日を迎える前に、できるだけ外国を旅しようと思った。座席を利用しなければインファント（幼児）扱いとなり、航空運賃がうんと安いからだ。エアチケットを取る際、運が良ければ早い者勝ちで機内の壁に取り付けられる乳児用ベッド「バシネット」も予約できる。これが利用できれば、子どもも親も空の移動が本当にラクになる。

これまで出かけてきたのはインドネシアのバリ島を皮切りに、ベトナム、カンボジア、タイ、韓国。アジア圏は旅費が安いし時差も少ない。子ども連れにはうってつけの場所だけど、もう少し足を伸ばしてみようか。息子が2歳になる3ヶ月前の2015年2月、ニューヨーク（以下NYC）とカリブ海に浮かぶセントマーチン島とキューバに、私の兄、私、そして息子の3人で行くことにした。

NYCでの目的は「あこがれの世界一周」で登場した物流大手勤務のNさん。私を世界一周に導いてくれた彼は、小さな学

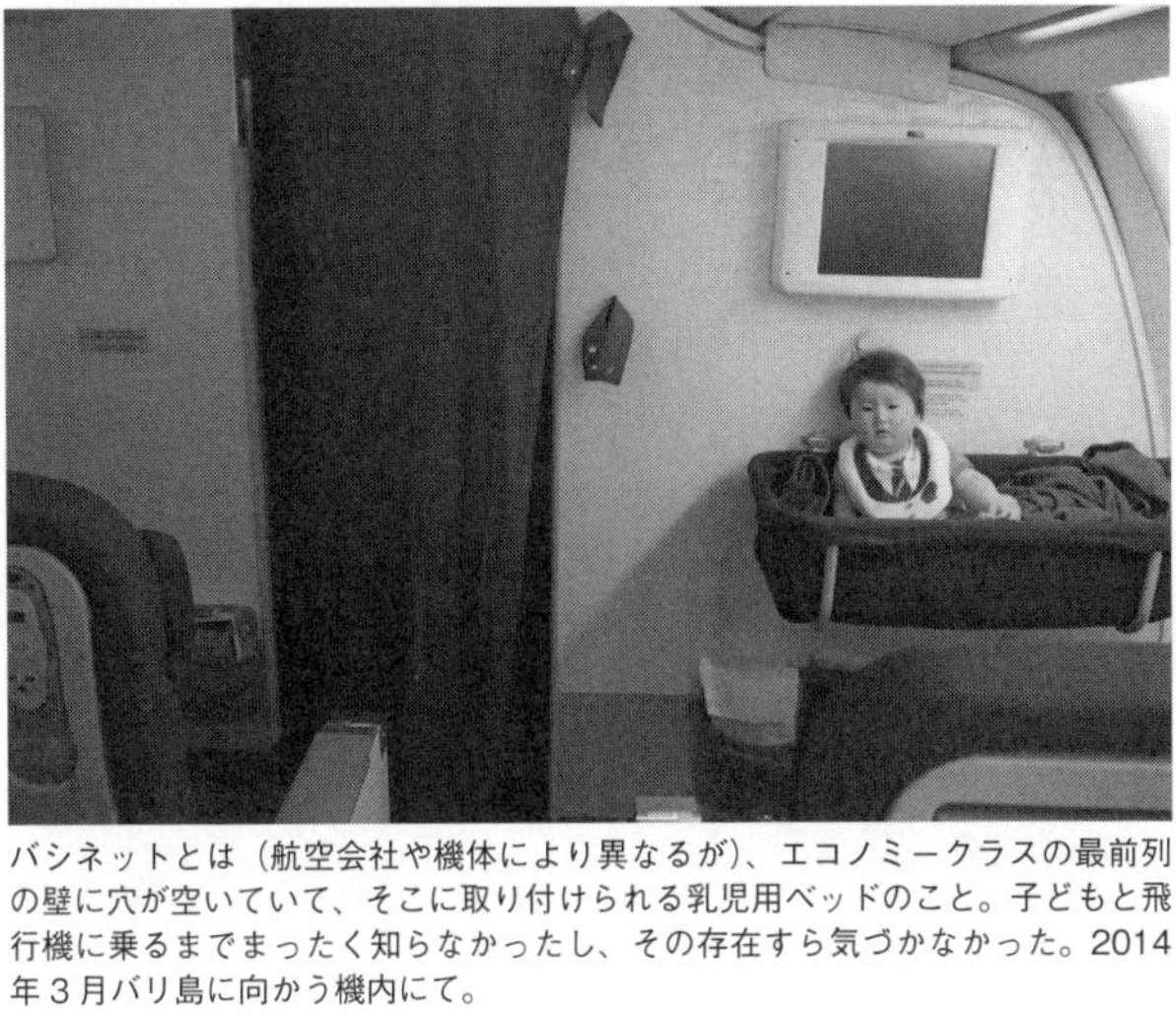

バシネットとは（航空会社や機体により異なるが）、エコノミークラスの最前列の壁に穴が空いていて、そこに取り付けられる乳児用ベッドのこと。子どもと飛行機に乗るまでまったく知らなかったし、その存在すら気づかなかった。2014年3月バリ島に向かう機内にて。

習塾を営んでいた亡き父の、ずっと昔の教え子だ。現在は日本に戻られたが、私がNYCに行こうと思ったとき、NYC現地法人の社長をされていた。その彼に「ボクがここにいる間ぜひ遊びにおいでよ」と誘われたのだ。

私が初めてこの街を訪れたのは2009年夏。世界一周のスタートに選んだ北米大陸で、西海岸のシアトルからカナダのバンクーバーへオートバイで北上。東へ繋がるトランス・カナダ・ハイウエイを約1ヶ月かけてNYCへとひた走った。もし、もう少し早くこの街に来ていたら、ひょっとしたら住んでいたかも。そう思うくらいNYCは肌が合った。

そのときはこの街での滞在時間は1日しかなかった。地下鉄を使い、船に乗り換え、観光のド定番、自由の女神像を見に行った。その後は船着き場の少し北にあるチャイナタウンでエビのワンタン・ヌードルスープを食べた。北米の内陸部にある田舎町ではゴムのように固くて噛み切れやしないステーキとか、全体的に脂っこく野菜に乏しい食事に泣かされ続けた日々だった。大都会でいただくヌードルスープ、しっかりしたダシが心に染みた。しあわせに満ちた腹をさすり、バワリー通りをさらに北へ歩いて向かったのは現代アート美術館。その旅ではいろんな街、いろんな風景、たくさん出合ってきたけど、NYCはさらに刺激的で、酔いそうなほどキョロキョロしたのを覚えている。

2度目のNYC

で、話を戻す。息子との旅。羽田からの飛行機出発が遅れたせいで、NYCに着いたのは深夜零時近くだった。さすが物流会社勤務のNさんは、パスポート・コントロールを通ってすぐの、ふつうならあり得ない場所で私たちを出迎えてくれた。この街と日本の時差は14時間。NYCの深夜は東京の昼過ぎだ。時差ボケの私たちにNさんは付き合ってくれ、明け方にいただいた麻婆豆腐はスパイスが効いた本場仕込みの味だった。

亡き父の私の知らない昔話を聞けた楽しい時間だった。わが家にずっと入り浸っていたNさんのこと。学生のくせに、塾のアルバイトが始まる前に父率いるみんなでゴルフに足繁く通ったこと。もう、めちゃくちゃおもしろそう。純粋な若者をたぶらかした悪い父！

「でも、国井先生が英語を教えてくれたから、いま僕はNYCにいる」

Nさんたら褒め上手だ。

アジア人でにぎわう店内。Nさんとの楽しい会話。家の近所で呑んでいるような気分で外に出ると、そこはマイナス18℃の世界。あちこちのマンホールから吹き上がる白い蒸気に、ここはNYCなのだとハッとした。

翌日はNさんのクルマでドライブに連れて行ってもらった。

「大都市の隣に軽井沢のような環境がある。ゴルフ場もスグ」と、国際派ビジネスマンの彼が絶賛するNYC。私の趣味であるツーリングのルートやサーフポイントもすぐと言う。

ときはバレンタインデー。日本でその日といえば、女の子が勇気を振り絞って男の子に告白する日である。私も学生時代、何度ドキドキはらはらしたことか。ところがアメリカだと、その日は男性が女性に気持ちを伝える日だとか。五番街にある、かの有名なティファニー本店を冷やかした。アールデコ調の飾りに縁取られたエントランスを抜けると、ギラギラした肉食男女であふれかえり、とくに婚約指輪や結婚指輪を扱う2階ではあちこちでスパークリング・ワインが振る舞われていた。つまり契約成立のサインだ。

縦に尖った街並みが一望できるバー。私はビールを。息子は眼下を走る豆粒のようなクルマやバスにはしゃぎ、日本から持参した煎餅をかじっていた。それにしても子どもは強い。時差ボケでフラフラな私をよそに、息子はしっかり順応していた。バーを出て、Nさんいわく〝いまNYCで一番熱い〟ステーキ屋に連れて行ってもらった。バレンタイン・ディナー中の肉食男女に混ざって肉汁滴る骨付き肉でカロリー・チャージ。その後はブロードウエイで人生初のミュージカル！　でも事件が起きる。息子が年齢制限に引っかかった。4歳まで入場禁止なのだ。ついさっき劇場の入り口で、「来月は日本で！」と、固い握手を交わして別れたNさんを急きょ呼び戻すことに。

「部屋の鍵貸して！　僕がそこで●●くん（息子）を見てあげるから、ミュージカル楽しんでおいで！」

恐縮というか、Nさんの機転に感謝というか、こんな私たちの姿、亡き父にはどう映るだろう。

「おまえらバカだなぁ。でも楽しそうなことやってるじゃないか」と、うらやましがるに違いない。

海外で観た初めてのミュージカルは「マンマミーア」。ド定番の演目で、英語でもじゅうぶん楽しめた。観客たちのテンションの高さに「外国」を感じた。劇場を出るとピリピリした冷気。それなのにタイムズスクエアには多くの人々がいた。街のあちこちに設置されたビルボードが放つまばゆい光。
まさに〝世界の交差点〟だった。2009年夏、私が初めてこの交差点に立ったときのことを思い出した。「負けた」と思ったのだ。いままで私は東京の夜が一番にぎやかでおもしろいと思っていた。でも世界は私が知っているよりずっと広かった。

雪がバサバサ落ちてくるなか誰も傘を差していなかった。日本の冬は7割くらいがマスク姿だけど、この街では誰も着けていない。私たちも持っていた折り畳み傘をあえて出さず、ホテルまで歩いた。着くころには身体のいろんなところに雪が積もっていた。部屋の鍵を開けると眠そうな顔をしたNさんが出迎えてくれた。

ＮＹＣの宿。15階の窓から見えるクルマやバス。景色に息子の子守をまかせ、私は次に行くセントマーチン島への旅の準備にいそしんだ。

「●●くん、いまさっき寝て、僕も隣でウトウトしてたんだ」

夫や兄もそうだけど、いまの男性は積極的に家事や育児に参加する。でも定年間近のＮさんの時代は、家のほとんどのことは女性の仕事だったはずだ。だから幼い息子を預かってくれたはいいが、どうしていいかわからなくて困っただろう。

あとでＮさんからいただいたメールには、「いまになれば笑い話となりますが、生まれて初めて人様のお子様をお預かりしました。何かあったらと心配な数時間でした」と書いてあった。Ｎさん本当にありがとうございました。忘れられないＮＹＣ滞在となりました。

それにしてもＮさん、ここでの生活をすごく楽しんでいた。もう少し暖かくなったらまたお邪魔しよう。あ、でもそのころには息子が２歳を越えてしまう。

世界一危険なビーチ、セントマーチン島へ

私の趣味に飛行機がある。機種とか詳しい事柄はよくわからないけど、あんな大きな物体が空を飛ぶ、という非現実感。その飛行機にジブンが乗る、という高揚感。コツコツ溜めたマイルでさらなる旅を手に入れることもできる。旅の連鎖が続く。見るのも乗るのも

全部楽しい飛行機だけど、私がもっとも好きなアングルは頭上すれすれを飛ぶ巨大な機体を仰ぎ見る瞬間だ。腹の底に響くエンジン音にゾクゾクする。

あるときテレビを見ていたら、砂浜ギリギリを機体がかすめる映像が流れた。〝世界一危険なビーチ〟と紹介されていた。そこはカリブ海に浮かぶセントマーチン島の、マホビーチというらしい。すぐ傍にはプリンセス・ジュリアナ国際空港があり、エメラルドブルーに輝くカリブ海の上空からやって来た航空機が砂浜の上、高度20〜30メートルを通過する光景が有名で、マ

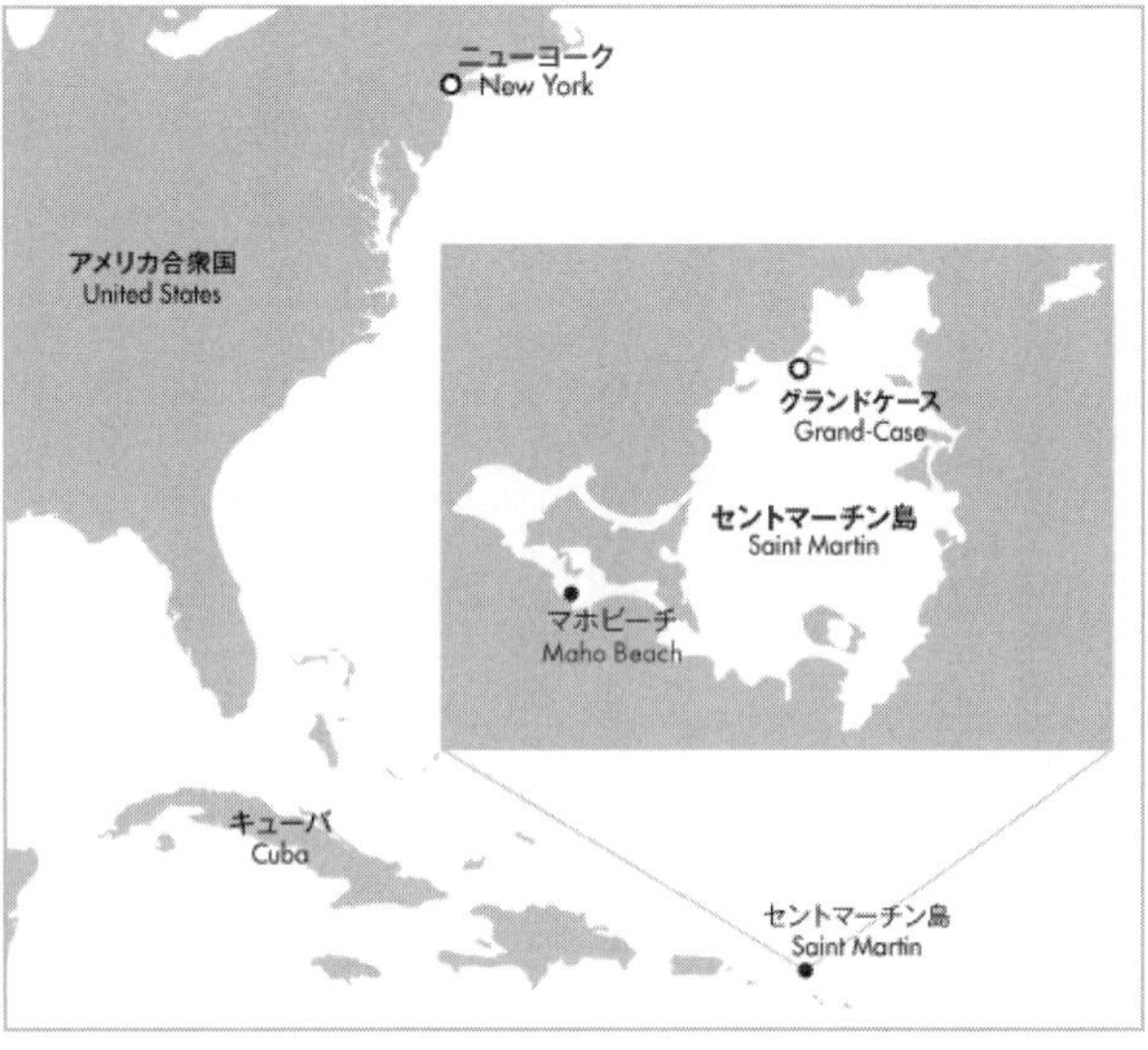

ホビーチ、近い将来息子と絶対行こうとひそかに決意していたのだ。

NYCから4時間ほどのフライトで、念願かなってセントマーチン島に着いた。もわっとした風と強い日差しが降り注ぎ、NYCとの気温差は約40℃。激しい温度変化と日本とは昼夜逆転の時差。そんな場所に1歳児を連れて行くなんてと賛否両論あると思う。でも私は、旅は間違いなく息子と私を成長させてくれる大事な時間だと思っている。本や図鑑のなかだけでしか知らなかった動物や乗り物。旅先では本物を目の当たりにできる。ほら、馬だね、鳥だね、海だね、船だね。旅で刺激を受け、日に日に息子の語彙や理解度が増す。なにより、ふだん保育園に通ったり、週に何度も母（息子の祖母）と夕飯を食べたり、私以外の誰かと過ごすことが多い息子だが、一日中じっくり向き合えることも旅でしか得られない貴重な時間だ。息子がお世話になっている主治医も同じ考えで、〝転ばぬ先の杖〟的な風邪薬、整腸剤、解熱剤、万一、飛行機で寝られなくてにっちもさっちもいかなくなった場合の睡眠薬を処方して、私たちの旅を応援してくれた。幸い息子はそれらのクスリを一切使うことなく元気いっぱいだったが、安心と一緒に旅させてくれた主治医には感謝している。

で、息子にもぜひ飛行機好きになってほしいと、だいぶ前から予習させていた。飛行機は？と聞くと、「ブーン」と言い、手で機体が飛ぶ仕草をする。そんな彼と〝世界一危険〟なマホビーチでの時間は想像以上に楽しくて、数分に一度遠くの空からやって来る飛行機に「キタ、キタ、キタ！」と、息子は教えてくれた。たまにオオカミ少年になるのだけど、それも含めて、まさか地球の裏側で一緒にこんな時間を過ごせるとはと感慨深かった。

それはそうと、小アンティル諸島にあるセントマーチン島、マホビーチがある南半分はオランダ領、私たちが宿を取った地区はフランス領。周りの島々も似たような感じで、島

セントマーチン島名物の、世界一危険なマホビーチ。頭上をかすめるジャンボジェット機。

ごとに国・自治領・海外県がある不思議な地域だった。その主因は欧米列強が長年領土を取り合っていたこと。それらの国々の都合でセントマーチンのような小さな島にも国境線が引かれた。先住民は駆逐されてほとんどおらず、奴隷としてやって来たアフリカ系住民の末裔と白人との混血が中心となって暮らしている。島民は遠く離れた国の統治下で、いったいどんな気持ちなのだろう。出会う人たち皆、温かくまじめで生活を謳歌しているふうなのが印象的だった。

セントマーチンには飛行機以外にもお楽しみがある。フランス料理だ。毎晩のように食べに行ったグランドケースというグルメタウンは、手ごろで美味なごちそうの宝庫。フランス人の高い気位がいい感じで作用しているのか、南の島にも崩れていないフレンチがあるのには驚いた。

ところで、いつも私を悩ませている小食な息子である。

「旅の間、絶対に痩せさせないこと！」と、夫から口酸っぱく言われてきた（アパレル関係の夫はこの時期展示会続きで今回の旅は欠席）。念のため日本から市販のレトルト幼児食を日数分購入、持参した。そんな私の心配をよそに息子は、味がわかりやすいからか、洋食はわりといけるクチだった。パンやパスタ、温野菜や果物やヨーグルトなどを取り分けると、ペロリとたいらげた。現地調達した牛乳もしっかり飲んだ。幼子でもフレンチのおいしさはわかるらしく、サラダに入ったトマトとオリーブ、エビのグリル、ボロネーゼのタリアテッレのパスタ（こちらはフレンチではなくイタリアンのジャンルだけど……）を夢中で食べていた。すっかり食通である。こういうものなら喜んで食べるのかと、今後の彼の食事を見直すいい機会にもなった。

真逆の場所、キューバへ

日没ごろ、首都ハバナに着いた。私は今回

時差ボケで兄は部屋でダウン。息子と私はホテルの前に広がる夕方のビーチでゴロゴロ。気づけば寝ていた私を息子がぽんぽんとやさしく起こしてくれた。

セントマーチン島に行けば大満足だったけど、社会科の先生をする兄たっての願いで、この国を訪れることになった。

キューバといえばご存じの通り社会主義国。貧富の差がなく、国から福祉などの社会サービスが皆平等に受けられる。乱暴に言うとアメリカとは真逆の国。このとき、当時の大統領だったオバマ氏とカストロ氏が国交正常化交渉を電撃発表した。アメリカと国交が回復したら、博物館のような旧い街並みが失われてしまうかもしれない。その前に兄はどうしても訪れたかったと言う。

ところが、到着するや私たちの前に現れたのは長蛇の列。パスポート・コントロールで並び、換金でさらに並び、ようやく捕まえたタクシーで宿へと向かう道中は街灯がなく真っ暗だった。勝手に常夏を想像していたキューバだけど、桜が咲くころの東京ぐらいの気温だった。浮かれた夏服でいるのがバカみたいで荷物の奥からNYCで着ていたニットやダウンコートを取り出した。でもブーツを履くほどの気温ではないから、完全におかしな重ね着となり、ヘンテコな服装をしているジブンにも気持ちが沈んだ。

ホテルに着いたが街に繰り出す気力はなく、1階の薄暗い食堂でありついた夕飯はひとつも口に合わなかった。油っこい。ときどきすごく塩辛い。まったく甘くないサツマイモみたいな奇妙な芋もあった。セントマーチンではあれだけ食欲旺盛だった息子は、キューバに着いた途端いつも通り食が細くなった。しかも宿はお湯が出ず、初日の夜は息子ともども風呂をあきらめた。スプリングが飛び出たマットレスは寝心地最悪。ひび割れた窓ガラスには小さな穴も空いていた。そういえばこの国の喫煙ルールは私が学生時代だったころの日本だ。路上やロビーは吸いたい放題で、キューバという国に非常に困惑しっぱなしの私だった。

何をするにも行列、すべてがオンボロ、往来を走る旧車たちは真っ黒な排気ガスをまき散らし、「ノスタルジー」では片付けられないものがあったが、社会主義国ならではのおもしろい場面にも出くわした。国民たちがカネに興味ないのだ。空港からホテルまで乗せてくれたタクシードライバーは料金を受け取らず立ち去ろうとした。宿ではタオルをもう1枚頼んだポーターに、チップをあげようとしたら断られた。この国の人々は親切で、お金に執着せず、正直に生きている。それを不自由とか貧しいとかで片付けるのはもったいないことだと思った。チップを渡そうとしても、はにかんで受け取らなかったりするあの笑顔は、ちょっと前の日本の田舎にもあった風景かもしれない。もちろんきれい事ばかりでは済まないけど、資本主義の世界からやって来た旅人にとっては興味深い出来事だった。

5日間キューバにいるうちに社会主義独特の不便さにも慣れて、無垢なやさしさにたくさん触れた。多くの人々が息子に親切にしてくれた。道を案内してくれたり、ランチを食べていた食堂ではライブ演奏しにやって来た楽団が、息子のために一生懸命歌ってくれたりした。ひとり旅とは違うふれ合いだった。息子との旅は正直言って時間が倍かかる。荷物も倍以上増える。オムツのかさばること。ベビーフードの重たいこと。いままでジブンのことしか考えてこなかった私だけど、息子のためにまず動かなければいけない。面倒くさいことも多々あるが、子づれの人々の苦労を理解したり、泣いているよその子どもを見て、どうしたんだろうと心配するようになったり、いままで気づかなかったことも見えてきた。

帰り道、羽田に向かう機内では、上手い具合に席の確保ができず、息子をヒザに乗せて13時間も過ごすことになった。すると後方座席の人たちが3つ続きのシートが1席空いていると席を譲ってくれた。たくさんの人々の親切で私たちの旅が成り立っていることを実感した。

バイクの時間、飛行機の時間

私はいつも飛行機での移動中、前の座席のヘッドレストの裏に付いている小さなモニターで地図を付けっぱなしにしている。ジブンがいまどこにいるか、あとどのくらいで日本に帰れるか、ときどきチェックしながら読書したり音楽を聴いたりしている。ふっと画面を見たとき、懐かしい地名がモニターに刻まれた。Ｓｕｄｂｕｒｙ、Ｗｉｎｎｉｐｅｇ、Ｒｅｇｉｎａ……。６年近く前、世界一周をしたとき通った町だった。

「大陸横断」。おそらく多くのバイク乗りがあこがれるキーワードだろう。私も例に漏れずその言葉にキラキラしたなにかを感じていた。飛行機で点と点を結ぶのではなく、オートバイに跨り「線」を描きたい。ツーリングの起点はアメリカのシアトル。北上してカナダのバンクーバーに入る。大陸を東西に横断するトランス・カナダ・ハイウエイを東に向かってひた走り、ゴールのＮＹＣまでは約ひと月かけて７３００キロ強の道のり……。計画段階ですでにワクワクが止まらなかった。ところが念願かなっていざ走ってみると、思い描いていた旅とは異なった。ひとことで言えば「苦行」。いくら走っても目的地が近づかない。毎日東京─大阪間ほどの距離を歯を食いしばって移動した。大陸性気候のため40℃近い熱風が吹き荒れ、マフラーからの熱気も加わり右足首を火傷《やけど》した。冷たい雨が降る草原地帯で終日震えながらハンドルを握ったこともあった。内陸の食事は涙が出るほどまずかった。町に1軒しかないレストランがファストフード店というのはザラで、茶色く脂っこい食事にこんなもの家畜のエサだ！　と、げんなりした。なるほど、だから北米大陸ではサプリメントが普及しているのかと、妙に納得しながら毎日ものすごい量のビタミン剤を飲んだ。

当たり前のことだがツーリング中はテレビを見たりスマホをいじったり本を読んだりできない。走行中の私の脳みそはおそらく9割以上寝ていた。とにかくヒマをつぶすのに必死で歌を歌った。次の町までの距離や燃費などを計算しては頭をむりやり使った。息を長く細く吐ききったら同じく吸いきるを繰り返し、腹筋を鍛えた。それでも目的地はまだ先で、考え事に没頭した。私のお得意の「妄想」だ。未来のこと過去のこと、歴代の彼氏を思い出すことは一番の時間つぶしになった。やさしかったのは誰、最低だったのは誰、もう一度付き合いたいと思うのは……、いないな。こんなヒマな時間、今後の人生で訪れることはないだろう。さまざまなことを無駄に考えた毎日だった。

そんなふうに1ヶ月かけて過ごした北米大陸を、息子と私を乗せた飛行機は、まるでなかったことのように淡々と通り過ぎていく。またあの旅をしたいかと聞かれたら、答えは「NO」だ。でも、息子が将来「大陸横断、一緒にしようよ」と私に言ってきたら、そのときは考えればいい。幼い寝顔を眺めながら私は思うのだった。

北米大陸の真ん中をひた走る。人生のなかでもっともヒマだった時間。

縁が導く旅

1人と1匹。家族が続々と増える

いま暮らしている家に引っ越したのは2002年のこと。当時私は独り身で、エッセイのロケだ、ふらりひとり旅だと、ひと月の半分以上はどこかに行っていた。だから自宅に広さは必要なく、購入したアパートの半分を賃貸用に、もう半分を住居としてリフォームし、家賃でローンを払いながら住んでいた。住居の基本構造はワンルーム。万が一結婚しても対応できるよう、20畳ある広めのスペースを造った。新宿や渋谷に近く、遊びに仕事に使い勝手がよかった。バルコニーが広いので休日には仲間とBBQをしたり、たまに友人が泊まったり気ままに過ごしたものだ。

2011年の夏、ひょんなことから結婚した。この私が結婚かと、ジブンでも驚いたちょうど1年後に妊娠が発覚。こういう人生もアリなのかもねと素直に受け入れた。それならば昔からの夢をかなえよう。その夢とはイヌを飼うことだった。きっと私の子どもとイヌはよき遊び相手になるだろう。成長するにつれイヌの面倒を見るようになり、子どものなかでかけがえのない存在になったころ、イヌは死ぬ。初めて直面した「死」に、子どもはどう向き合うか。将来獣医になり、大好きなイヌを病気やケガから救いたいと思うか。大人になったらイヌのいた幸せな子ども時代を懐かしむのか。そういう私も、物心つくころからイヌが傍にいた。その時間はいい思い出として残っていて、子どもとイヌ、小さい者同士でないとわからないキズナとか友情とかを感じていまの私がいる。

そんなわけでボストンテリアのメスを飼い始めて半年後に息子が生まれた。いままでは夫婦ふたりでちょうどよかった広めのワンルームが、犬小屋やらベビーベッドやら日に日に増える子どものおもちゃやらで埋まった。私は地方に友人が多い。旅先では友だちの家に泊めてもらい、彼、彼女らが東京を訪れた

豊（ユタカ）と申します。そんな名前だけど♀です。2015年3月、自宅にて。

ときには泊まってもらう。それが現状では不可能になった。金沢で暮らす義母ですら、上京の際には近所に宿を取ってもらっている。大切な人たちとの時間も作れない狭い家で暮らすのもナンだし、これから息子の荷物も増える。こうなったら自宅も貸しに出し、郊外に居を構えるか。それともいまの家と隣の部屋を繋げて大規模リフォームするか。かなり悩んだ末、私の心に引っかかったのは76歳(当時)の実母だった。

彼女はわが家から歩いて20分ほどの場所に、兄家族と玄関別の二世帯住宅に住んでいる。2007年秋に亡くなった父の部屋は、現在私の執筆スペースとして使わせてもらっている。母とは一緒に昼ごはんを食べたり、いつでも会える心地よい距離を保っている。ところが私が郊外に越すといまのようにはいかない。彼女のことは心配だけど、それ以上に私

リフォーム工事間近で家中段ボールだらけの旧居。あまりモノを持っていない方だと思っていたが、不要物がわんさか出てきた。断捨離でスッキリ。

自身が寂しい思いをする。ありがたいことに息子との時間を生き甲斐にしている母。そんな彼女に甘えて、安心して仕事などに出かけている。こんな日々があと何年続くかわからないが、母との〝持ちつ持たれつ〟の関係を鑑み、賃貸に出している隣の部屋の住人が退去したタイミングで、自宅を大規模リフォームすることにした。

20年ぶり　期間限定の共同生活

工事に掛かるのは2ヶ月半。そのあいだ母は「実家に身を寄せたらいい」と言ってくれた。仕事部屋として使わせてもらっている5畳半の父の部屋に、私たち家族3人とイヌ、おのおのの荷物に囲まれて暮らすことになった。身動き取れないほど狭いけど、仮住まいの家賃や引っ越し費用を考えたら助かった。なにより母とは年に何回も旅行に行っているが、学生時代以来20年ぶりに一緒に生活する日々が楽しみだった。母も同じ気持ちだったと思う。

そういうわけで始まった2ヶ月半の共同生活。私たちは毎日一緒にキッチンに立った。お互いの得意料理を寄せ合い晩酌もした。母は気に入ったコト・モノがあると、最上級の意味をこめて「賢い」とか「気が利いた」とかいうキーワードを付ける。

「あの人って本当に賢くて、気が利いた性格よね。私、彼女のこと大好き」みたいな感じで。料理も同じだ。

「冷蔵庫の中身、ずいぶん賢く使って気の利いた料理、作ったわね！」

幾度となく褒められるうちに、気づいたら私は飯炊き係になっていた。そうやって父も乗せに乗せられたくさん働かされてきたのだろう。母は息子の面倒も進んで見てくれた。大家族っていいいな。助け合うことでみんなが幸せになれるんだな。そう思ったのもつかの間、大ざっぱで衝動的な性格の母と、神経質で計画的な私との衝突がときおり起きるようになった。また、聞く気がないのか、母は同じことを何度もたずねた。夫なら1回言えば理解してくれることを、母の場合何回も説明しなくてはいけなかった。グッとこらえたが、たまに爆発した。

「何度も同じコト言わせないでよ！ ちゃんと書き留めないから忘れるのよ！」と、強い口調で言ったあと、ああ私ったらダメな娘だなと反省した。悔やむくらいなら言わなきゃいいのに。母の家に住まわせてもらっているのに。「大家族って楽しいね」なんて言ってくれているのに……。

決定的な出来事

とくに揉めたのはわれわれが居候中、息子が突発性発疹による熱性けいれんを起こしたときだ。突発性発疹は生後6ヶ月〜1歳代の小児に好発する急性ウイルス感染症で、高熱が3〜4日続き、熱が下がると同時に腹や背中に赤い発疹が出る。そして熱性けいれんは、熱が上がりかけのときに伴うことが多い症状。脳が未熟な赤ちゃんや子どもは、まさにいまパーッと熱が上がっているとき、脳が驚き、目はひっくり返り、手足がガタガタ震え、けいれんしている間は息が吸えないから顔色がみるみる紫になり、口から泡を吹く。その状況を目の当たりにした母の取り乱し方は尋常ではなかった。一方で私は両手をわなわなさせている息子にピンと来ていた。同い年くらいの子どもがいるママ友たちのSNSなどで、たまに熱性けいれんの話題が出ていたからだ。その症状は小児10人に1人の割合で起きるそうで、けいれん中は衝撃的な姿だがほとんどは無害。揺すったり騒いだりせず、注意深く観察することが重要だという。

だからお母さん、大丈夫。冷静になろう。お医者さんにどのくらいの間けいれんしてたか、どんなふうに震えてたか、的確に伝えようね。

とは言ってみたものの母は完全にパニックに陥り、聞く耳を持たなかった。本当なら私は主治医に連絡したり、もし病院に行くのなら一報入れたり、するべきことはいろいろあった。でもすでに母は息子を抱いて玄関で足踏みしており、「病院、病院、とにかく病院！」。私はため息をつき、母と息子をクルマに乗せた。もはや息子のためではなく暴走している母のために近所の小児科へ行くと、さんざん待たされた挙げ句（ほら、一報入れないからこういうことになるのよ！　と私に怒られ）、ようやく順番が回ってきたと思えばドクターは、「子どもにはよくあること」という顔で熱も測らずクスリも処方せず（想定内の対応）、熱性けいれんの知識をいくらかくれた。帰りの車内では、「だからお医者さんも言っていた通り、とにかく冷静にならないと」私が諭すと母は、「あの医者、ヤブよ！」と、吐き捨てるように言ったのだった。

その晩、夫が帰宅した21時ごろ、息子がもう一度けいれんを起こした。もうダメだ。この子を家に置いておいたら母が死んでしまう！　息子が生まれた大学病院の救急に連絡し、私たちは夕飯も食べず出発した。丁寧でいい病院だけど遠いのが難点。片道1時間かけて行き、入院の手続き等して帰宅したら深夜2時を回っていた。

息子は数日後、スグ元気になり退院した。しかしその一件以来、母と私はお互いが信じられなくなり些細なことで言い合うようになった。毎朝目覚めるたびに「今日は怒らないようにしよう!」。心に誓うのだけど、マイペースすぎる母についカッとなり、文句をこぼすたび心の狭いジブンにガッカリした。

口うるさい娘の自宅は予定通り着工から2ヶ月半で完成した。家族全員で実家を出た翌日、母は嬉々として自転車を漕いでわが家に来た。なにやら彼女は夕べ泣いたとか。私たちが急にいなくなり寂しかったそうだ。打ちひしがれた母に、同居している兄がこんなアドバイスをしたという。

「日常を取り戻しなよ」

熱性けいれんで入院中の息子に会いに、夫とタンデムでお見舞いツーリングに出かけた。

母はすぐスーパーへ走った。黙々と料理をするうちにいくらか気持ちが落ち着いたらしい。母の話を聞いていたら2ヶ月半の不思議な共同生活は、もう二度とない貴重な日々だったとしみじみ思った。母と私、毎日喧嘩ばかりしたけれど、この歳になってあんな言い合いそうそうで

大人数でテーブルが囲めるよう新居のダイニングは8人掛けに。ヘルメットもこんなに置ける。

新居で一番こだわったのがキッチン。作業しながらすべて見渡せる、司令塔ポジション。ここなら息子のイタズラも丸見え。

きない。そしてあそこまで揉めたのに、引っ越した翌日にはすっ飛んで来てくれた母。胸が熱くなった。

1歳児、本当のラストトリップへ

リフォームが終わり、実家を出て、ふたたび距離を置くことで母と娘の関係が修復されつつあった。新居での生活にも少しずつ慣れたある日、にわかに息子を連れて海外に行きたくなった。2ヶ月前、NYC、カリブ海、キューバの長旅から戻ったらひとまず海外は封印！と決めたばかりだったが……。なぜ封印かというと、航空券のインファント（幼児）料金が適応なのは2歳までだからだ。それ以降はしっかりふたり分のお金がかかる。息子の誕生日は5月3日。その日まで2週間あった。パスポートの有効期限もじゅうぶんあるし、エアチケットさえ取れればもう一度海外に行ける！よし、香港行こう！飲茶しよう！こういう衝動的な行動はやはり母譲りなのかもしれない。

その旅にはすでに旅のパートナーとなりつつある兄を誘った。彼も私と同じで、みんなが遊んでいる週末に働き、みんなが働いているときに遊ぶ。しかも学習塾では地理の先生。

さらに言えば香港と言えば美食の土地。食いしん坊の彼はスグに尻尾を振った。

私にとって2度目の香港だった。前回は1997年、大学生のときだ。この場所が中国に返還される前、映像関係のアルバイトで滞在した。慌ただしい旅のなかで唯一覚えているのは、毎晩仕事後にいただいた食事が気を失いそうなほどおいしかったことくらい。でもそれは正しいことなのかもしれない。〝食は広州に在り〟と言われるように、さてと飲茶にフカヒレにアワビに、うまいもんたらふく食べよう〜と香港空港に着いたが、大変なことに気づく。出発前に旅行情報サイトで予約した宿が中心地からものすごく遠いのだ。空港の無料Ｗｉ－ｆｉを使ってもう一度よく調べてみる。何度地図を見ても、その宿へは閑散とした山道を延々走らないとたどり着かなそうで、タクシーで行った日にはいくらかかるかわからない。たしかサイトには「直前キャンセルも可能」と書いてあった。街の中心に宿を取り直そう。記載された番号に電話すると、なんと私が予約した宿は格安プランのため返金不可な契約だった。

兄が神に見える

かくかくしかじかそういうわけで、お兄さんゴメン！　アバディーンとかいう南の方に宿、取っちゃった。しかもキャンセル効かないって。私が謝ると、兄は「全然いいよ。こんなことがなけりゃ香港島の南部なんて泊まれないだろ。偶然の出会いはこういうところから生まれるんだ」と、兄は丸い顔で笑った。その姿を見てハッとする。もし私が彼の立場だったら。もし宿を取り間違えたのが母だったら。きっと私はものすごい剣幕で怒っただろう。旅を楽しむ秘訣のひとつに〝寛容さ〟があるのだと、兄を見て思ったのだった。

心配していた宿は、思いのほか中心地から近かった。山道を延々走ることはなく、山を貫く立派なトンネルのおかげで15分ほどでアバディーンに着いた。しか

アバディーンの宿にて。兄と息子は下に寝て、私はロフトのベッドで。土地が狭い香港らしい作り。

も東京みたいな渋滞は皆無。気になるタクシー代も1500円ほど。海に面した22階の部屋からは素朴な港が見えた。アバディーンではいまでも2000人ほどが水上生活をしているそうで、水面に映る帆船の灯りが輝いていた。兄が言うようにあんなことがなければこんな景色、見ることができなかった。

翌朝、港からそそり立つ山肌を見て驚いた。立派な墓地が広がっていたからだ。香港と言えば山と海に囲まれた狭い土地。所狭しと立ち並ぶ鉛筆のように細い超高層ビル群。香港には地震がないらしく、こういう構造でも大丈夫とか。とはいえ地震大国からやって来た旅人は、ぽっきり折れるんじゃないかと心配になる。人口密度も世界一クラスの香港だけど、墓地は急な斜面ながらひとつひとつの区画が設けられていた。先祖を大事にする人々の気持ちが伝わってきた。

22階の宿から見えた景色。右が港で左は山を切り崩して造成した墓地。

思いのほか宿と街は近かったが、不必要な移動は慎んだ。宿に戻るのは一日一回だけにし、つまりホテルには寝に帰るだけで、あとはひねもす中心街を散策したり飲茶したり、よく揺れるフェリーでマカオにも行ったりした。1998年にポルトガルから中国に返還されたマカオには、石畳や教会や噴水やエキゾチックな香りが色濃く残る。電車が走っていないからか、オートバイをたくさん見かけた。また、大型カジノで一攫千金を狙いに来た本土の裕福な中国人が相当数いた。私はギャンブルを一切しないのでカジノのことはよくわからないが、ポルトガルと広東、グルメな2ヶ所が合わさった食事はまずいわけがない。いろんなスパイスが効いたアフリカンチキン。パエリアにも似ているジューシーな海鮮ライスは息子も喜んで食べた。マカオまでのフェリーで酔った兄は、「気持ち悪い。全然ハラがへらない」と嘆きながら、ごちそうが運ばれると復活したようでがっつり頬張っていた。

話は変わるが、世田谷の下北沢に父の代からの行きつけだった割烹があった。もちろん私たち兄妹もよく知っている店だ。そこの料理長が、何年か前マカオに出店するため下北沢の店を閉めた。そのことをふと思い出してインターネットで調べてみると、店はあったが定休日だった。入り口にぺたんとポストイットで、私たちふたり直筆の置き手紙を貼り付けた。これを見たTさん、びっくりするだろうな……。彼に会えなかったのは残念だけど、香港とかマカオとか日本から飛行機で4~5時間と近いからか、日本と取引している会社もかなりあるからか? 料理とか雰囲気とかこの土地を好きな人が多いからか⁉ 今回の旅をリアルタイムでSNSに上げていたら、友人たちから「先週までいたのに~」みたいなメッセージが何通も届いた。「来週だったらいたのに~」もあった。そんななかいままさに香港に滞在中のカ

マカオを守った最強の防衛基地、モンテの砦。世界遺産だ。ここまでの道のりはまるで登山。持参した水をがぶ飲みした。

メラマンの友人がいて、マカオに向かう船のなかで彼からのメッセージを受け取った。

「香港いるの？　俺も仕事でいるんだ。夕飯でもどう？」

ディープな香港ナイト

100万ドルの夜景が輝きだしたころ私たちはマカオから香港に着いた。港を出てGoogleマップを頼りにもはや崖のような山道を汗だくで登った。するとそこには知る人ぞ知るようなおしゃれなイタリアンの店があり、カメラマンの友人が現地の友だち4人とワインを傾けていた。友人はいきなり現れた私たち3人を見て、「まさか香港で再会するとは！」と、喜んでくれた。また、香港在住の彼の友だちの話もおもしろかった。なぜ日曜の昼間、駅の周りに大勢の女性たちがたむろしていたのかなど、いろんな謎が解けた。現地で暮らす彼女が言うには、住みこみのフィリピン人のメイドは日曜は居場所がない。メイド仲間と駅の周りにゴザを敷き、食事したりトランプしたり思い思いに過ごすそうだ。また、香港の金持ちは空気が悪く騒がしい中心地に居を構えず、われわれが泊まっているアバディーンよりさらに進んだ静かな入り江などに暮らしている、とか。だから私たちの宿は全然不便ではない……なんて話を聞いたり、ちょっと突っこんだ香港の夜を堪能させてもらったのだった。

レストランを出て、タクシーを拾おうと急坂の通りに出た。するとすごいことに気づく。私たちがいま立っているこの場所がアバディーンという名のストリートだったのだ。何がどうしてかわからないが、おそらく私はこの道に宿があると勘違いして、香港島の南岸、アバディーンのホテルをクリックしたのだろう。

「だからこれもなにかの縁なのさ。縁がないと山のなかをドーンと貫くトン

香港の食事はおいしいが雑。皿を投げるように置くウエイトレス。大勢の客が食事中だというのに、レストランのなかを大きな円卓をゴロゴロ転がし移動するウエイター。はたまたエアコンのフィルターを掃除していたり、いきなり電気を消されたり……。香港のお笑い映画そのまんまだった。

ネルなんかまず走れない。香港にひとつ詳しくなれて、得した気分だ」と、杯を重ねたワインでほろ酔いの兄がうれしそうに言った。彼の言う通り、たしかに縁だ。たくさんの縁があり私はいま香港にいて、縁がある仲間たちと急に夕飯を食べることになった。元を正せば母のところに生まれてきたのは一番の縁だし、私を選んでくれた息子も同様だ。

私たちを乗せたタクシーは、香港のまばゆい夜景をあとにアバディーンに向かって真っ直ぐなトンネルを突き進んでいた。ふっと海沿いに出た。ホテルまであと少しだ。

ビルとビルの間を駆け上がる、この急な細道こそが、私が泊まるはずのアバディーン通りだった。どこでどう歯車が狂ったのか本当に謎。

クニイ的コラム

私たちを教育すれば

子どもができたらイヌを飼おう。そう夫婦で約束し(「縁が導く旅」参照)、お腹の息子が安定期に入ったときボストンテリアのメスを迎えたのだった。イヌの名前は豊。メスなのに豊! 名前の由来等はキャプションに詳しく載せておくとして、来客が多いわが家である。みんなに好いてもらえるようなイヌになってほしいのと、なにより息子と仲良くなってほしい。近所で暮らす親友夫婦一押しのイヌの家庭教師に、まだわが家に来たばかりの豊を一度見てもらうことにした。ちなみに親友夫婦は上級者向けの大型犬ロットワイラーを飼っており、しつけの面で家庭教師にかなりお世話になったという。

私自身イヌを飼うのは豊で4回目だった。これまで一緒に暮らしてきた3頭でいろんな

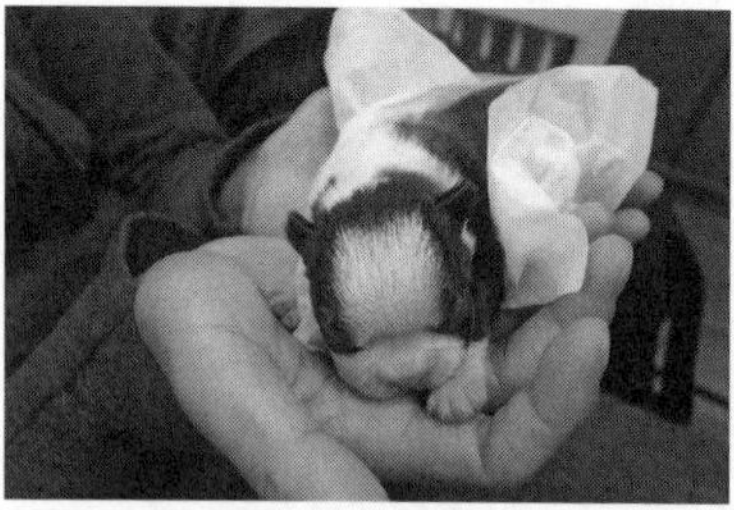

夫と私の共通の趣味はサーフィン。伊勢志摩をサーフトリップしていたとき、まだ恋人同士になる前の私たちは「豊」という民宿で仲良くなった。イヌを飼ったあかつきにはこの宿から名前を取って「豊」にしよう。ふたりで決めた。ウソのようなホントの話!

反省があった。とくに豊の1頭前のイヌは、亡き父と私との間で育て方がちぐはぐで、イヌをずいぶん混乱させてしまった。たとえば……、

父↓人間の食事をどんどんあげてしまう

私↓イヌ用の食事しか絶対にあげない

父の言い分はこうだ。

「どうせオレらより早く死ぬのだから、好きなものを好きなだけ食わせてやりたい」

父が言う通り愛犬がキラキラした瞳で「おねだりビーム」を出していたら、ついおすそ分けしたくなる気持ちもわからなくはない。けれど人間とイヌでは必要な栄養素が違うのだ。塩分が多すぎたり、メニューによってはタマネギやチョコレートやイヌにとっては有害となる食べ物だって含まれる。イヌの健康を考えたら絶対にやめた方がいい！　何度父を説得しただろう。さんざん揉めた挙げ句、なんとイヌより父の方が早く死んでしまった。イヌは残された私たち家族が手に負えないくらい、それはそれはグルメで食いしん坊、大変わがままな性格になってしまった……。

話を戻すと親友夫婦が紹介してくれた家庭教師。私よりも年齢は少し上で、サバサバと

ハキハキと、よどみなく指南してくれる女性だった。もし彼女が政治家だったら迷わず投票しちゃうよね。なんてことを夫と話すほど、彼女には絶対的な説得力があった。なにより興味深かったのは1時間のレッスン中、彼女が豊に触ったのは10分ほど。あとはひたすら、私たち夫婦に〝考え方の統一〟を説いてくださった。イヌというより、飼い主を正すという方法。ああ、父が生きていたとき、私たちふたりそろって受けたかったよ……。

先生に習ってから、豊はスグお座りができるようになった。トイレの成功率も急に上がった。すごいなうちの子、天才だ（親バカ）。夫と私、一皮むけた気になった。すっかり家庭教師のことが気に入ってしまい、その後息子が生まれるまでにレッスンをもう1回、生まれてからもさらに1回お願いした。毎回、目から鱗がぼろぼろ落ちるように、先生は私たちの疑問や困ったことを明快に解いてくれた。一瞬で効果が出るからスッキリした。また、父と私にもっとも欠けていた「意見の統一」。夫

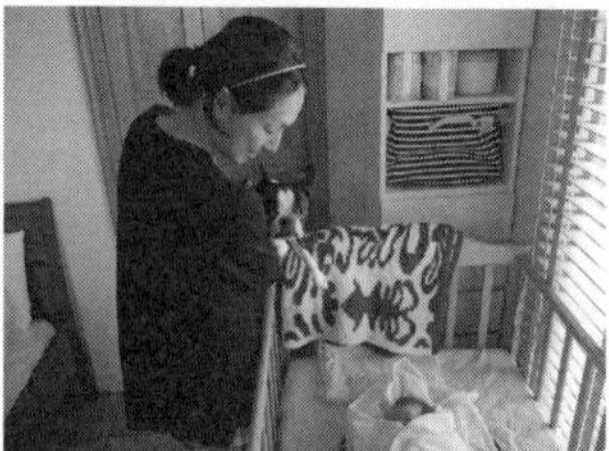

息子を病院から連れて帰った日の、豊の動揺した顔は忘れられない。「お母ちゃん、変なの連れてきた！」みたいな。2013年6月 旧居にて。

婦でそれに気をつけるというのは簡単そうでかなり難しく、しかし家庭教師によりその大切さを知った私たちは、息子を育てるにあたり、とてもいい勉強になったのだった。

よく「犬を擬人化してはダメ。犬の飼育と子育ては別物」という意見も聞くが、イヌをちょっとだけ先に育てたことにより、子育てに共通する部分はたくさんあることに気づいた。先ほどの「夫婦の意見を統一させる」こともそうだけど、叱るときには威厳をもって短い言葉で。良いことをしたときは思いっきり褒める、とか。また、子どもをどうこう教育するより、われわれ親を正した方がよっぽど成功への近道だったりとか。

とはいえまだまだ未熟な夫婦だし家族だし、人生紆余曲折！　すべて糧!!　まさかひとりでブラブラふらふら旅していた私がこんなことを思うようになるなんて、それが一番の驚きだったりして。

息子は最初からイヌと共存しているからか、肌がとても強い。アレルギーに悩まされてきた敏感肌な私はうらやましい限り。2016年7月。

月に一度冒険する！

独りよがりになっていないか？　押しつけていないか？
子どもはちゃんと楽しんでいるか？

子どものころ、家族旅行はゴルフ一辺倒だった。亡き父がシングル・プレイヤーで、彼の趣味の巻き添えを食らったのだ。ゴルフなんかやりたくない。友だちみたいにディズニーランドとか海水浴とか行きたい！　もちろんそんなワガママは通らず、学校が長い休みに入ると私はブスッとした顔でゴルフ場にいた。いまでも「ゴルフ」というキーワードを聞いただけで、いや～な気持ちになる。

先日3歳になったばかりの息子の言いなりになるつもりはないが、あんな経験はさせたくない。彼の気持ちに寄り添った楽しみを見つけたい。そんな思いは届きつつあり、私の趣味のひとつであるオートバイはすでに息子のなかで身近な存在だ。自宅に転がっているバイク雑誌を勝手にめくっているし、オートバイが3台停まっている実家のガレージでは

「跨りたい」とせがむ。取材のため午後からオートバイに乗る予定があったある日の朝、「今日ね、お母ちゃん乗ってくるよ」。私が右手でスロットルを捻るマネをすると、息子は「ずるーい！」と本気で悔しがった。

そう考えるとゴルフ。今になってはもったいないと思うのだ。小学生のときからしっかりレッスンを重ねておけば、いまごろちょうどいい趣味になっていた。コミュニケーション・ツールとして、仕事の方々や先輩や友人と楽しくラウンドできただろう。そんな反省を踏まえて息子には、趣味を持つすばらしさをしっかり伝えたいと思うのだった。

ライフスタイルが激変

２０１３年5月、緊急帝王切開で息子が生まれた。まるで息も絶え絶え、未熟児でこの世に生を受けた一方で、私はピンピンしていた。本来、帝王切開したならば傷の経過観察も含め1週間から10日は入院しなければいけない。でも私はヒマが耐えられず、ていうか病院食がマズすぎて、担当医に懇願して5日で退院した。病院に残してきた息子に、冷凍したお乳を配達する日々がしばらく続いた。

小さく生まれた息子を「生かさなきゃ！」と神経質になったこともあり、出産後私の生活は激変した。何と言っても旅に行く機会が減った。出かけるとしても近場。行き先は基地がある房総が多い。そのように決まった宿泊先があり、飼い犬も連れて行けて、お金がかからず（コレ重要）、どこそこに行けばうまいメシ屋があるなど勝手がわかっているのでラクなのだ。しかも趣味のサーフィンを夫と交代でできる。

でも「ラク」とか言っている時点で終わってる。私は曲がりなりにも旅のエッセイストだ。本音を言うと東京にへばりついて子育てしている生活に辟易していたのだけど……。そして2015年の暮れ、ついに決めた。

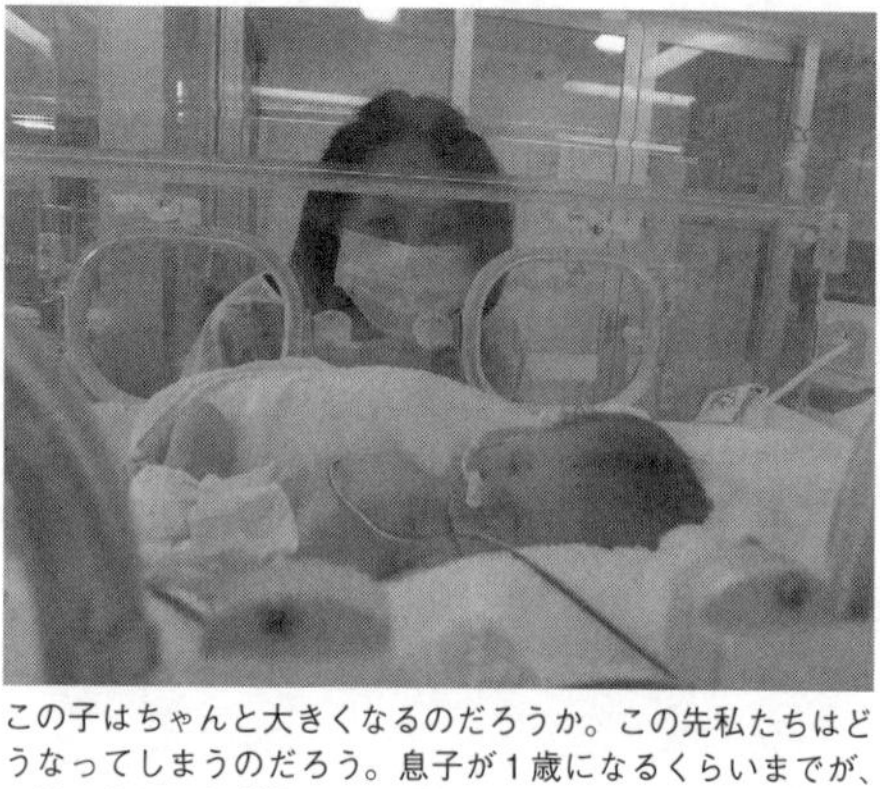

この子はちゃんと大きくなるのだろうか。この先私たちはどうなってしまうのだろう。息子が１歳になるくらいまでが、一番つらかった時期。2013年5月 NICUにて。

月に一度は遠出する！　1月金沢

独身時代ほどは気軽に出かけられないが、日常にいつも「旅」がある生活をしようと思った。手始めに年始の旅先に金沢を選んだ。夫の実家があり、年に数回行く馴染みの場所。あれれ、ちっとも真新しくない？　いやいや、いつもクルマで行くところ今回は飛行機。初めて飼いイヌと空を飛ぶ。私たちにとっては立派な冒険だった。

うちのイヌはボストンテリア。ブルドッグやパグなどと同様、〝短頭種〟と呼ばれる鼻ぺちゃ犬種だ。気道が短く体温調節が下手なため、暑すぎる場所では最悪死ぬこともあるという。そのためほとんどの航空会社から夏期の預かりは断られるが、その時期を除けばＯＫ。ちなみに今回はＪＡＬに乗った。人間のエアー代はマイル利用の特典航空券でタダだが、イヌはなんと往復1万2000円！　まったく

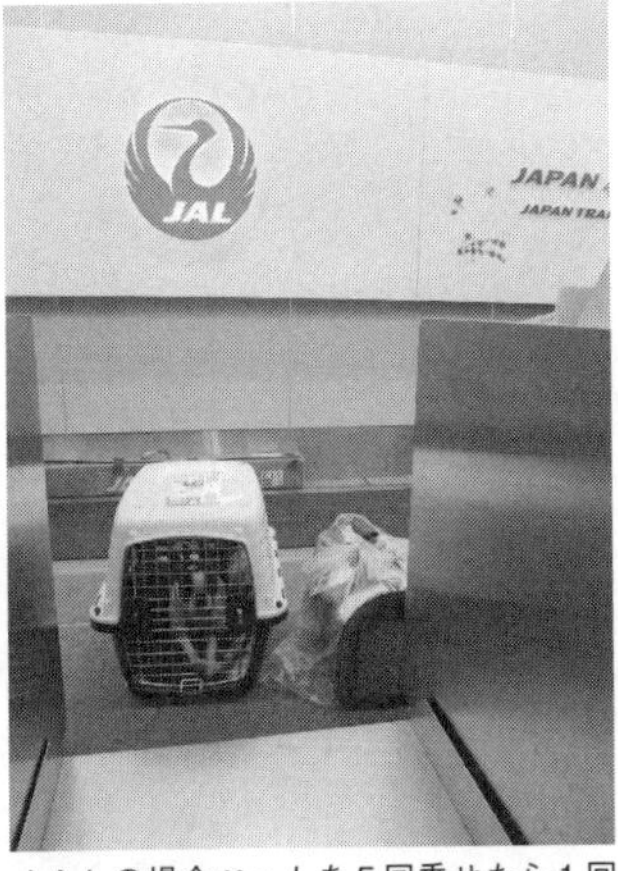

ＪＡＬの場合ペットを５回乗せたら１回タダというスタンプカードがもらえる。今回の旅でスタンプが２つ増えた。しかしセントバーナードもチワワも一律6000円というのはちょっと解せない……。

豊は高くつく女だ！　なんて言いながらチェックインすると、クレートに入った豊の悲壮感漂う表情といったら！　その顔を見ていたら胸が張り裂けそうだった。

フライト中、同じ機内にイヌも乗っているとはいえ落ち着かなかった。小松空港で再会したときのお互いの喜びようは大変なものだった。これこそ旅で、経験で、冒険だと思った。

2月長野、雪山へ

「経験」といえば翌月2月。息子に雪と遊ばせようと長野を訪れた。息子は何でも初めてだらけだ。ということは母親3年生の私だって同様なのだけど……。

大学時代、両親が還暦を迎えた。私は末っ子ということもあり、周りの友人より親がずっと歳を取っていた。そんな両親は昔からよくクルマで旅していた。彼らがリタイア後に暮らす場所として選んだのは、世田谷の自宅から2時間半あれば着く長野は白樺湖だった。近隣には前々から通っていたお気に入りのゴルフ場もあったりして、ゴルフ狂いの亡き父にとって最高の場所でもあった。

当時学生だった私は、友人とクルマに乗り合って両親の家を訪れては別荘のように使わせてもらった。オートバイの免許を取ってからは頻度が上がる。なぜなら周辺は山また山のワインディング天国だからだ。家の目の前から極上のツーリングがスタートする。今日は美ヶ原高原へ。明日は蓼科山《たてしなやま》を一周しよう……とか、ちょっとステキでしょ？　父が亡くなる2007年までおよそ10年間、かなり充実したワインディング生活を楽しませてもらった。私にとってオートバイは直線路を走る乗り物ではない。とにかく細かい山道。それもほとんど誰ともすれ違うことがない3桁国道*や、道の真ん中が苔むしたようなマニアックな県道に熱くなってしまうのは、長野での日々が色濃く影響している（*国道番号が100号以上の3桁の数字を持つ道のこと。3桁が振られた国道は、とりわけ都市を外れた田舎のローカルな味わいが残るものや、クルマ同士すれ違うのが困難な鬱蒼とした山中を通っていたりするものが多い）。

両親の山荘に向かう道すがら、必ず通るのは中央道だった。中央フリーウエィ♪と、ちょっとご年配のあなたなら絶対に知っているあの有名な歌の舞台、東京から長野は松本経由、愛知に伸びる高速道路だ。そもそも高速道路って単調な風景、アクビばかり出るイメージで私は苦手なのだけど中央道は違う。眼前に立ちはだかる山々を目指しながら走る、調布から八王子の直線。相模湖、大月、初狩《はつかり》は高速コーナーに大忙しだ。長い長い笹子トンネルを抜けると急に景色が開ける。ここを夜に走るのが大好きだった。満天の星空と、宝石のように瞬く甲府盆地の夜景。コーナーを攻めながら一気に下る。もちろん昼間もいい。とくに春の風景は目を見張るものがある。梅、桃、桜が一斉に咲き誇るからだ。亡き父はその様子を、「空がピンク色に染まってる！」とハンドルを握りながら表現した。おとーさんって意外とロマンチストなんだと、私は助手席でクスリと笑った。話を戻すと中央道。盆地の底の部分を八ヶ岳に向かって走る。そこから先の険しい山岳ルートもじつにいい。長野から東京に向かう逆車線からは富士山が見えたりもする。移動しながら走る喜びを味わえる。それが中央道だ。この道を通ることが両親の家に行く楽しみのひとつでもあった。

そんなふうに何度も通った馴染みの中央道がちょっと違って見えるのは、息子と一緒だからだろう。そして二十歳からスノーボードを始めた私が、まさかキッズパークでソリをするとは！　でも意外とおもしろくて私たちは何度もタンデム（二人乗り）で斜面を滑り降りた。スノーボードとは違いすぎる動きに汗だく。半袖になってもいいくらいだった。

1時間ほど遊んだか、息子をゴンドラに乗せ山頂へ連れて行った。今回の旅に同行した私の学生時代の同級生、Rちゃん。彼のスキーの腕前はプロ級で、息子をおぶって滑り降りてくれると言う。彼に背負われ目を輝かせて滑降している息子を見て、私は未来を想像していた。何年か後、一緒にゲレンデを滑ったら最高に楽しそう！　ここ数年雪山に対する情熱が冷めていた。その証拠に11年前の板、ビンディング、ブーツだし……。ウエアも7年前のものだし……。彼が正式に雪山デビューしたあかつきには、ボードグッズを一式買おう。

3月は竹富島へ

雪で遊んだ翌月は南の海に入りたいと思った。実母を誘って息子と3人、沖縄は竹富島へ飛んだ。なぜその小さな島を選んだかというと、朝から酒が呑みたかったからだ。レンタカーで移動するの、面倒くさい……。というのは半分本音。残りの理由は竹富島の交通量がほぼないこと。息子と旅をする際、危険要素は少ないに越したことはない。

20代半ば、真剣に石垣島に移住しようと思っていた。冒頭の「旅して現在進行中」にも書いたけど、断念した理由は当時26歳という若造の分際で沖縄の離島に移り住んでも、仕事あるかな……。急に自信がなくなったからだった。久しぶりにやって来た八重山地方。私たちが訪れる数日前に海開きを済ませたというが、置いてけぼりの夫の呪いか、滞在していた4日間はみごとに冷たい雨が降り続いた。

天気が悪いからと宿でゴロゴロしていてもつまらない。雨が止んだすきを見計らい自転車で出かけた。子乗せ自転車とやらに初めて乗ってみた。とはいえ、いま流行りの電動アシスト付きではないが……。それにしても、未舗装路だからか漕いでも全然進まない。私の脚力もたいしたことないと凹んでいると、「後ろのタイヤ、空気入ってないわよ！」と、77歳とは思えないほど軽やかにペダルを踏む後続の母が教えてくれた。しかも途中で雨も降って

テレビや絵本などを見て動物とか乗り物とかの存在を知っている、頭でっかちな息子だ。動物園や水族館や一度にいろんなものが見られて便利だけど、やはりリアリティに欠ける。本物とはこういうものだと私は旅先で現物を目の前に教える。

きた。息子にカッパを着せ、ジブンはびしょ濡れでハンドルを握った。雨なのに自転車。東京だったら絶対あり得ないシチュエーションだが、沖縄だと気にならなかった。やっぱり私、この土地が大好きなのだと思った。

それにしても息子は大変なばあちゃん子で、常に「ばあちゃん！ ばあちゃん！」。オマエさん、ばあさん死んだらどーすんのさ。言っておくがそんなに長くないぞ。私が息子にコソコソ言うと、「あと20年は生きてやるわよ！」。いつもは耳が遠く会話がチグハグな母だが、こういうことはよく聞こえる。20年、生きてくれるのはおおいにけっこう。その代わり絶対健康でいてよね！ でもギアのない自転車で島一周できるアスリートなばあさんなら心配ないか。

4月は海外、台湾へ

母と息子、3世代の思い出に残る旅から息つく間もなく4月になった。毎月旅すると決めたものの、仕事に育児に家事にけっこう忙しいことにいまさら気づく。でも旅に出ると退屈で単調な東京での生活がキラキラしたものになる。私はこういうせわしなく、でも

「生きている」と実感する日々が昔から好きだった。で、4月は去年の香港以来1年ぶりに海外へ。伊勢と春日井で暮らす大先輩ご夫妻2組と現地集合することに。

これまで多くの国を旅してきたが、意外や日本のお隣台湾へ行くのは初めてだった。また、息子とふたりきりで飛行機に乗るのも初。それは年頭からスタートした月1冒険プロジェクトのなかで一番ハードルが高いと思われる大冒険だった。というのもいままでは兄や夫や母や近しい人たちが旅に同行してくれた。私は息子の世話に集中できた。それに以前は息子がそんなに歩き回らなかったのでベビーカーに乗せておけば事足りた。現在はドタバタ動き回り、自我も出てきて、言葉も通じつつあり、生意気な態度を取るくせにオムツはまだ取れていない。赤ちゃんとも子どもとも言えない怪獣と、果たしてふたり飛行機移動できるだろうか。しかも今回、私たちはフライトの関係で朝4時に自宅を出発、帰りは23時ごろ帰宅するという3泊4日の欲張ったスケジュール。一方セントレアから飛んで来て合流する予定の先輩方は私たちと同じ日程だが、初日は夜着いて最終日は朝食後ゆったり台湾を発つ。つまり、息子とふたりきりの時間がかなり長い。トイレに行くのもすべて一緒だ。先輩方と逆のスケジュールだったらよかったのに……。

なるようになれと出発した。前回の竹富島ではベビーカーを一度も使わなかった。正直邪魔くさかった。だから今回は置いてきた。大失敗だった!! 手を繋ぐのがキライな自由人は、わざと後ろ手に組みながら逃走した。捕まえてむりやり手を握りしめるとストライキを起こして静かに寝ころんだ。結果、私が抱っこして移動する羽目になった。オートバイやクルマが多い台北では、子どもはベビーカーに縛り付けておくにかぎる! 言い方悪いけど、お互いのためにも。

台北のホテルに着いたのは朝11時前だった。チェックインは15時からだとフロントの女性は言う。お先真っ暗な気分になりながら、とりあえず腹を満たしてから何するか考えよう。ホテルから1キロくらいか、牛肉とトマトのダシが効いた刀削麵《とうしょうめん》を食べに行った。その店まで行けたのが奇跡といった感じで、ほとんど抱っこで歩いた。

レトロな街並みが旅感を掻き立てる九份《きゅうふん》

もうどこにも行きたくないと思った。息子と一緒では買い物もできない。偶然通りに見つけたロイヤルホスト。そこでチェックインの時間までビールを呑み、息子にはお絵かきセットをあてがって時間をつぶした。台北まで来てロイホ！　私、何やってるの？

ホテルまでの帰り道も3分ごとに揉めた。ジブンより37歳年下の息子と真剣にやり合うなんてと哀しくなった。明け方から起きている私たち。お互い気が立っていた。それにしても今日一日うまくコトが進まなかった。ベビーカーを持って来なかったことが最大の失敗だった。

ふっと目が覚めた。スマホを見ると20時を少し過ぎていた。チェックインのあと疲れ果てて寝てしまったのだ。息子もちょうど起きたところで、お互い昼寝して心にゆとりができたのか、その後の私たちの関係は良好だった。当たり前のことだが、人間寝なくちゃダメなんだ。

夕飯に出かける前、ホテルで念を押した。外はクルマがいっぱい。手を繋いで歩けるなら夕飯を食べに出かけよう。どうする？　コクンとうなずいた息子と私は、しっかり手を握って台北の町に繰り出した。

「夜遊びだね」と、私が言うと息子は不思議そうな顔をして、でも楽しそうにいろんな香辛料の匂いがする異国の町を歩いた。さて、どこで何を食べるか。ふたりでホテルの周りを歩くと、ひときわにぎわっている店を見つけた。私たちは顔を見合わせ入店した。余談だが、その前に入ろうか迷った店は息子から「ちが〜う！」のダメ出し。その判断は正しかった。というのも、入った店で頼んだ煮こみモツのスープ。そのなかで泳いでいる細麺はいい感じのノド越しで、ひとつの器をふたりでペロリ平らげた。周りの客のマネをして、青菜炒めもオーダー。たっぷり盛られて100円ほどで、「うまい！」と頬張る息子の歯は青菜だらけに。ホテルに帰ってすぐフロスで除去したが、幼子もふつうに食べられる台湾のおいしい食事には驚いた。

その日の晩遅く伊勢と春日井、大先輩のご夫婦2組と合流した。伊勢のYさんの家には昨年泊まらせてもらったので、息子にとってはまるで田舎の祖父母に逢ったような感動の再会だった。ちなみにYさんはハワイでお世話になったずいぶん年が離れた友人。そのYさんの旧いご友人である春日井のご夫婦とお会いしたのは今日が初めて。3人のお孫さんがいらっしゃるそうで、幼児の扱いはみごとだった。かくして息子には一度にジイジとバアバがふたりずつ増えた。ギスギスしていた私たちに平穏な空気が流れた。

今回、伊勢のYさんご夫妻推奨のツアーに参加した。ツアー代金はひとり4万円ちょっとで、含まれるのはエアー代、3泊分の宿代（地元で暮らしている友人にホテルの値段を聞いたら1泊1万円くらいが相場とか）、なんと食事は7回も！　ガイドブックに載っている有名店ばかりだ。台北の松山空港から宿までのバス送迎ももちろん付いている。さすが旅慣れしているYさんおすすめのツアーだ。しかも観光もきっちり組み込まれており、少々せわしないが朝から晩まであちこち回ることができた。小籠包にお寺参りに夜市に、台北のハイライト的な場所を嵐のように駆け巡った。初日、朝から息子とふたりきり台北に放り出され、困り果てていたのとは大違いの充実ぶりだった。これまで旅といえば自由旅行ばかりだった。往復のエアーだけ確保して宿は現地で予約したり。とくにアジアとか、そんなふうに行き当たりばったりで繰り広げた旅もなかなか楽しかったけど、今回のツアーはアリ。全然アリ。とくに幼い子どもがいる身にとっては本当に助かった。旅のカタチっていろいろだなぁ。なんてことを思いながら、テキパキしたツアーガイドに引きずり回されたのだった。

台湾を訪れたことがある誰もがこの島の住人たちの人柄を褒める。旅行中その意味がよくわかった。治安もいい。夜更けに一人歩きする女性の姿をよく見た。そして何度も言うようだがこの島は食がイケる。安ツアーの食事と、初日の晩行き当たりばったりで入った食堂でも同じ感想を抱いたのだから、食レベルがそうとう高いのだと思う。辛いものやクセのあるものは少ないので、息子もふつうに食べた。旅先で彼と同じ食事を取ったのは今回が初めてだ。それまではレトルトの離乳食などを日数分たんまり持参していた。現地のごちそうをモリモリ頬張る姿はちょっと感動モノだった。同行している春日井のバアバは、「幼児のくせに八角で香り付けしている角煮、ふつうに食べてる!」と、驚いていた。

にぎやかで楽しい3泊4日は一瞬で過ぎていった。別れ際、春日井のバアバは息子と離れるのが寂しいと目を腫らした。彼らを乗せたバスが小さくなっていくのを眺

紙風船のようなものに願い事を書いて空に飛ばす「ランタン上げ」に挑戦。もろ観光客なことしてますが、けっこう楽しい。

めながら私も泣きたくなった。これからふたり、どうしたらいいのだ。初日のギスギスした時間がトラウマとなってよみがえる。4人の先輩方がいたときはまったく出番のなかったお絵かきセットを息子にあてがい、しばし部屋のなかでボーッとした。でも、私が怖がってどうする、と思う。それを乗り越えないと次のステージには進めないんだよ。大なり小なりたくさんのピンチを乗り切って、ここまでやって来た私じゃないか。ソロツーリング中、長野の山奥で日が暮れてしまったときも。欲をかき、たいしたことない波に乗ったら最後、沖から押し寄せてきた大波に巻かれまくったときも。佐渡島の自転車走行会では、体力がないくせになぜ210キロなんてロングコースにエントリーしたのか。足切りの制限時間に常に追われながら、必死にペダルを漕いでなんとか完走した。オーストラリア大陸の真ん中では、焼き殺されるんじゃないかと本気で危惧した灼熱の砂漠地帯。みるみる減っていくリヤタイヤの溝に恐れおののき、毎日500~600キロの距離をオフロードバイクで走った……。

でもね、そんな私自身のピンチなんか、いま思えばたいしたことない。息子が生まれてからの方が精神的にキツかった。未熟児で、死にかけて出てきた彼。全然ミルクを飲まず、離乳食も一口も食べてくれず、こいつは生きる気力がないのかと、すがる思いで区に相談した。1歳になっても歩く気配すらなくて、やはりいろんな機関に泣きついた。当時のジブンを鼻で笑ってやりたい。数年経てばあの弱々しかった息子は脱走常習犯だし、八角の匂いが染みついた角煮だって「うまい！」と言いながら生意気な顔をして食べているよ、と。だから私たちなら大丈夫だ。部屋の外に出よう。

ねぇ、デンシャ乗りに行く？

私がたずねるとベッドの上で熱心に絵を描いていた息子は目を輝かせて「乗りゅ！」と答えた。

以前一緒にお仕事させてもらった大先輩が台北に住んでいる。地下鉄に乗ってその方に会いに行く途中、待ち合わせ場所を通り過ぎ、フロアが 101 階もある台北 101 ショッピングモールで寄り道した。高速エレベーターで耳がキーンとなりながら「あっ！」っという間に展望台へ。雲が分厚く何も見えなくて息子とふたり苦笑した。

親子で行く初めての〝馴染みの島〟

一発でトリコに

九州のずっと南に奄美大島という大好きな場所がある。鹿児島と沖縄のちょうど中間あたりにあるこの島を知ったキッカケは2004年、レギュラー出演していたサーフィン番組のロケだった。その旅に出かけるまで、私はこの島がどこにあるかすら知らなかった。当時、東京からは直行便が1日1便だけ。機体はずいぶん小さく、座席は通路を挟んで3人ずつ、横1列に計6人しか座れない。しかも羽田から2時間半もかかった。

海と森に囲まれた小さな奄美空港。飛行機を降りた瞬間、真冬だというのに身体を包まれるふわっとした暖かさを感じた。海は「透き通った」とか「きれい」とかいう表現を超越していた。海底にぎっしり敷かれたような珊瑚礁や、ボードの下をくぐる色とりどりの魚まで全部見え、なんだか見えてはいけないものを見てしまったような恐怖さえ覚えてしまった。波はサイズはあるけれど、タイミングさえ合って、しかもコシが引けなければスッと乗れるリーフ特有のイージーな波質だった。撮影していることを忘れてサーフィンに夢中になった。

　奄美の魅力は海だけじゃなかった。島の大部分は山岳地帯。深い森に覆われた幾重にも連なる山々が、静かに呼吸している。地形的なこともあり、島にはよく雨が降る。初めての滞在ではほとんどが雨だった。そもそも私は雨が好きじゃない。旅の行動が制限されるからだ。でも奄美の雨はなんか悪い気がしなかった。美しく濡れそぼる生き生きしたシダの葉。山の岩肌にこびりついた苔がキラキラと輝く。

　居酒屋などで杯を重ねていい気分になった島民が、やおらつま弾き始める三線《さんしん》。人々が奏でる島唄のしらべは、沖縄と比べたらどこか物憂げに感じた。奄美は1613年から250年ものあいだ、薩摩藩の支配下にあった。住人は砂糖栽培を強制され過酷な搾取を受けていたという背景も、曲調に関係しているのだろうか。

　奄美の食事はおいしかった。これって、旅をすてきにするもっとも大切な要素かもしれない。とくに気に入ったのは鶏飯《けいはん》という郷土料理。白米に蒸し鶏の細切りをはじめとしたたくさんの具をてんこ盛りにし、ここと煮こんだ鶏ガラスープをぶっかけ、お茶漬のようにして食べる。ちょうどいい塩気。コクのあるアッサリ感は、何度もおかわりしてしまう逸品なのだ。

初めての訪問で、私はすっかり奄美が気に入ってしまった。何度も行ったことがある沖縄ももちろん大好きだけど、そことは全然違う景色、雰囲気、食事に驚いた。なんだろう、このやさしいのだけど、グイグイひきこまれるような不思議な居心地のよさは。等身大の自分を大切にしている島民たちにも好感が持てた。彼らはいつも先祖を敬っている。そして常に何かに感謝している。気づけばサーフィンを通じていろんな島の子たちと仲良くなっていた。とくにこの島では女の子たちがおもしろい。大きな波にガンガン突っこんだり、カレシとアフリカを旅するための小遣い稼ぎで、噛まれたら死に至ることもある毒蛇、ハブを捕まえている子がいたり……。彼女いわく、生きているハブを自治体に持っていくと1匹につき現金4500円がもらえるのだと興奮した様子で話してくれた。前の年、彼女の友だちがハブ捕りの最中、噛まれたのではなく、牙が肌に当たってしまっただけで腕がパンパンに腫れ上がり3ヶ月入院したそうだ……。大丈夫なの⁉

「つい最近500円値下がりしたのよ。前まで5000円もらえたのに！」と、彼女は怒り口調だったけど（ちなみに2018年現在はさらに値下がりして3000円だそうです……）、タフな奄美娘たちに私は驚いてばかりだった。けれど奄美の女の子たちはワイルドなだけではない。いつもおしゃれに気を遣っている。東京とか大阪とかを経由しない、彼女たち独自のファッションスタイルを持っている。少しエスニックが加わった雰囲気で、日焼けした肌とよく似合う。また、彼女たちはお菓子作りが得意だったり、気遣いが行き届いていたり、女子力が高い。海上がりに「ハイッ」と、家から淹れてきたホットココアをいきなり差し出されたときは本当に感動した。

パワフルでキュートな島の子たちに会いに私はちょこちょこ奄美を訪れるようになった。彼女たちの家に居候させてもらいながら、毎日サーフィンを楽しんだ。島に滞在している間、誰かしらが遊んでくれた。ひとりでいる時間がほとんどないほどにぎやかな日々。羽田から飛行機というパターンが多いけど、あるときは2週間かけて東京から鹿児島までオートバイで自走。カーフェリーで11時間半かけて島に渡ったこともあった。またあるときは飛行機に自転車を積んで輪行した。島の南部に浮かぶ加計呂麻《かけろま》島へ足を伸ばしたり、2009年には皆既日食を見に行ったり、浜辺でキャンプをしたり、ずいぶん短期間に奄美へギュッと出かけたものだ。この島での思い出は、いつだって宝物みたいにキラキラしている。

息子と行く初めての奄美

最後に奄美へ行ったのは2012年4月。息子が生まれる1年前だった。誕生以降は初めての育児や仕事との両立でバタバタで、しばらく島から足が遠ざかっていたが、たまたま1週間ほどスケジュールが空いた2017年4月、もうすぐ4歳になる息子を連れて久しぶりに遊びに行こうと思った。

羽田から離陸する直前、飛行機好きの息子は窓にへばりついて熱心に外を眺めてい

東シナ海と太平洋、2つの海が同時に見える場所へは手広ビーチからアクセスした。そこへの道はオートバイで走ったら最高に気持ちよさそうな緩急のワインディング。

た。私は東京湾を指して何色か聞いた。

「くろ！　んー、ちゃいろ？」

この海の色、よく覚えておきなね。いまからものすごいもの、見せてあげるから。

私がそう言うと息子はパーッと目を輝かせた。旅に出るとよくこの顔をする。いまから2時間半後には彼の「海」という概念が覆されるだろう。私が思う、世界でもっともきれいな海へ。

久しぶりに島に現れた私と、SNSなどではしょっちゅう見ていたけどじつは「はじめまして」な息子を、島の友人たちは大歓迎してくれた。私がサーフィンしている間、誰かしらが息子と遊んでくれた。ドライブがてらみんなで太平洋と東シナ海、両方の表情の海が見える山頂に行った。もうじき沈む太陽を眺めながら息子の砂遊びに付き合って、ビーチでみんなでしゃべった。息子ははじめ、砂浜を裸足で歩くのをためらった。次第に慣れてきたようで、海まで何往復もダッシュするように。日々少しずつたくましくなる彼に成長を感じた。

東京では、子どもが4人いるなんて驚きの対象。けれど島ではわりとふつうのことで、友人たちは小さい子の扱いが本当に上手だ。息子もよくなついていた。海から戻ると息子は鼻の下に白いひげをこさえていて、それを指摘すると「Aちゃんがギュウニュウかってくれたのー」と、うれしそうに教えてくれた。息子と私ふたりだけだと、息子はイタズラしたり泣いたりすねたりワガママ言ったり、そんな彼に私は怒ったり叱ったりイラついたり……。おそらくギスギスしただろう旅も、友人たちがいてくれることにより緩衝材の役割をしてくれて、そのおかげでお互い気持ちよく過ごすことができた。本当にありがたかった。

毎晩のように誰かしらが声をかけてくれて夕飯に繰り出した。この日の晩は先ほど息子に牛乳を買ってくれたAちゃんと看護師をしているボディボーダーのAYねぇが、宿から近い北部の居酒屋に連れて行ってくれた。ここに来るのは2回目。地元民ばかりが訪れる気さくな居酒屋で、運ばれてくるもの全部おいしく、しかも値段が手ごろで大好きな店だ。

ところで以前、飛行機に自転車を積んで奄美を訪れたことがあった。たしか2005年の冬だった。島の北部にある空港で自転車を組み立て、名瀬《なぜ》という中心の街まで約30キロ自走した。大きなバックパックを背負って自転車で現れた私に、友人たちは目を丸くした。

などという昔のことを、島の黒糖焼酎、里の曙をロックで舐めながらＡＹねぇが懐かしそうにしゃべり、「自転車でアホみたいに登場した」と、ケラケラ笑った。２００５年といえば、日本は自転車ブームに沸き、愛車とともに旅をする「輪行」が流行り始めたころだ。いまでもたまに内地の自転車乗りが島の急坂道を止まりそうな速度でえっちらおっちらペダルを漕いでいるそうで、ＡＹねぇは「何がおもしろいのか意味わからん」と、バッサリ。というのも奄美は完全なる車社会。すぐそこの距離でもエンジンを掛ける。自転車に興味ゼロのＡＹねぇに、私はなぜかふっとその乗り物の楽しさを伝えようと思った。女心をくすぐるには、「節約」から攻めようか。日々の通勤を自転車に変えたら年間いくら浮くか述べてみた。が、ＡＹねぇにはちっとも響いていない様子で、それなら今度は「美」について語ろう。毎日の自転車通勤でお尻がキュッと上がるし、代謝ＵＰで肌もきれいになる。いろいろ言ってみるが「でもやっぱり島は雨多いし、坂多いし、私はクルマでいいよ」と、ＡＹねぇはケラケラ笑うのだった。

この旅ではこんなこともあった。島で一番メジャーな手広《てびろ》というサーフポイントの近くにあるカフェへ、友人たちに連れられて夕飯を食べに行ったときのこと。

「わー、やっぱりリッチャンだ！」

急に背後から聞こえた声に驚く。振り向くと、中学くらいからちょこちょこつるんでいた遊び友だち、Nくんが立っていた。彼もまた家族旅行中だそうで、遠くの席で夕飯を頬張っていた彼の奥さんと、うちの息子よりちょっと大きな子どもたちに私は会釈をした。Nくんの現在の仕事は、全国各地の海系イベント・オーガナイザーやショップからオーダーを受けたオリジナルデザインのシルクスクリーンを制作すること。サーフトリップしながら、現地でTシャツやキャップなどにライブプリントを施しているそうだ。今回も仕事で、奄美で数本イベントをこなし、沖縄に飛ぶという。なんという楽しそうな仕事！それにしてもまさか私たち、奄美でバッタリ逢うとはね。縁に驚き、いや、必ずどこかで出会うべくして組み込まれている運命に私たちは乾杯した。

縁と言えばこんなこともあった。奄美ガイドを営むHちゃんの知り合いがやっている、島の北部にある宿兼カフェ兼ショップへ行ったときのこと。透き通った海の真ん前。敷地内に大きなガジュマルが鎮座し、なんともいい雰囲気だった。ショップに入ると、にこやかな女性店員は私の顔を見るや、「どこかで会ったことある」と、言い出した。さては拙書の読者様だろうか。すると女性、「わかった！」と急に叫ぶ。なんでも20年ほど前、私が鎌倉のバーで歌っていたと言うのだ。にわかに記憶がよみがえる。学生時代の友人家族が経営する鎌倉の店……。クリスマス・パーティ……。たしかに歌っていた！　その女性は鎌倉の隣、葉山の出身だという。どうやら私の大学時代の同級生と親友で、私が出演していたライブとやらに来ていたそうだ。

20年近く昔の、私のなかで消え失せていた出来事。先ほどいきなり声をかけてくれたNくんと同様に出会いは偶然ではなく必然で、ジブンがこれまで〝たしかに生きてきた証〟が積み重なり、いま私は奄美にいるのだとつくづく思

大浜海浜公園へは島一番の市街地、名瀬からクルマで約20分。東シナ海に沈む夕陽が絶景。ちょっと遠いがこの場所から延々沖に向かってパドルするとアウターリーフ（沖の海底にある岩棚）のサーフポイントも。

う。波乗りにまったく興味がなかった私が2004年、急きょサーフィン番組にレギュラー出演することになり、ロケで奄美を訪れ、島の子たちと繋がって、縁が縁を結び、以来何度も島に通っては、こうしてみんなに遊んでもらっている。もし私がその番組に出ていなくても、波乗りをしていなくても、きっと島のみんなとはどこかで繋がっていたような気がする。「必然」だからね。

ハブ捕り名人が暮らす加計呂麻島へ

奄美ガイドHちゃんの妹が加計呂麻島の牧場に嫁いだ。例のハブ捕り名人のワイルドガール、Mちゃんだ。久しぶりに彼女に会いに行こうと私たちは盛り上がった。Hちゃんが運転するクルマに女4人と息子で乗り合い、奄美南部の古仁屋《こにゃ》へ。南部に向かう景色を眺めるのは久しぶりだった。奄美は暖かい島だけど一応四季があり、いまは春。黄緑色の新芽があちこちで芽吹いていた。名瀬から1時間ちょっとで港に着いた。船着き場にクルマを置き、名瀬のスーパーで買いこんだ3日分の食料をみんなで手分けして持ち、フェリーに乗りこんだ。

加計呂麻は「秘境」という言葉がぴったりの場所だ。初めて島に渡った2004年の春、入浴剤を垂らしたような青すぎる海。目を覚ました宿では窓を開けると人工物が何もない美しすぎる景色。それなのに観光客は誰もいないという贅沢すぎるシチュエーション……。日本にはこんな場所があったのかと感動したものだ。

私たちと同じ船にはハブ捕り名人のMちゃんと、彼女の3人の息子たちも乗っていた。ヒトのこと言えないけれど、すっかりMちゃんも母の顔である。うちの息子よりいくらか幼い三男は数日前からおたふく風邪っぽくて、本島の病院に毎日通院しているそうだ。買い物もそうだけど、離島での暮らしはいろんなことが旅になる。

今回はMちゃんの家の離れに泊まらせてもらった。広々とした畳張りの平屋建てで、以前は家族みんなでこの家に住んでいたそうだ。家の前は静かな入り江になっていた。息子はというと、ジブンのリュックを下ろすや奇声を発しながら裸足で海へ駆けて行き、波打ち際で足をバシャバシャやっていた。服、濡れてるし！　そんなワイルドな息子の姿に驚いたり、みんなでカヤックを漕いで沖へ繰り出したりした。海水に指を浸けてみた。泳げはしない水温だけど、ミネラルがスーッと肌に浸透する感じが気持ちよかった。島のあちこちにはヤギやら牛やら家畜がいて、動物好きな息子はいちいち立ち止まっては触れていた。私たちが滞在していた3日間、天気はパッとしなかったが、クルマがほとんど走っていないこの島では息子の動向に気を張る必要もなく、お互いマイペースに過ごした。きりきりと巻かれたぜんまいが、ほどけていくような感じがした。

加計呂麻からふたたび奄美に戻った。島一番の歓楽街、屋仁川に宿を取り、息子とふたり夜遊びをしに繰り出した。自然も好きだがネオンも大好きなのだ。夕飯を食べに入った居酒屋では、息子はまんべんなくなんでもよく食べた。ベビーフードを日数分持参していたころの旅が信じられない。気づけばオムツも取れていたし、ということは荷物が減った。たった2年ほどでずいぶんラクになったものだとしみじみした。その後も久しぶりの都会に調子に乗って、友人のバーへハシゴ2軒。久しぶりの顔にも思いがけず再会したりして、歓声を上げた屋仁川の夜だった。

何度も行ったことがある奄美。変わらない島の景色、馴染みのメンツだけど、息子と一緒だと全然違う場所を旅しているような気分になった。帰りの機内では旅の最中撮ったデジカメ画像をふたりで1枚ずつ眺めた。ああ、旅が終わる。こんな景色や、あんな景色、すごい場所にいたんだね、私たち。しんみりしながら東京を目指した。でも、羽田に着くとワクワクしているジブンもいて、空港バスで渋谷へ直行した。仕事終わりの夫と道玄坂で待ち合わせていたのだ。息子は奄美で経験したいろんなことを夫に身振り手振りで一生懸命報告していた。

「単語、増えたな」

たった1週間で急成長した息子の姿に驚いた様子で、夫はビールを煽る。そのやり取りを眺めていたら、家族って悪くないなと思うのだった。

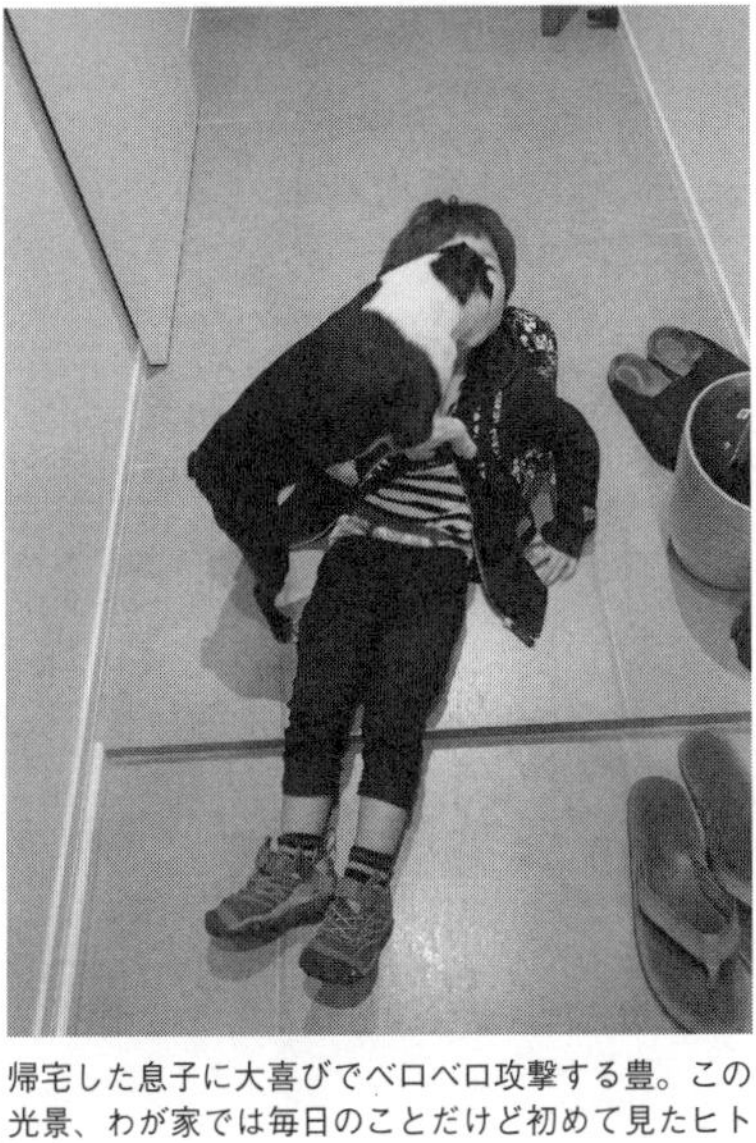

帰宅した息子に大喜びでベロベロ攻撃する豊。この光景、わが家では毎日のことだけど初めて見たヒトは大変驚くよう。「犬なのに馬乗り！」だそう……。

クニイ的コラム　スケベ虫

「スケベ虫、そろそろ出てきてるから虫除けもって来なよー」と、奄美に出発前、ガイドのHちゃんからLINEが届いた。スケベ虫（またはエッチ虫）とは、奄美での俗称。正式名称はトクナガクロヌカカという蚊。おもにビーチなどにいるのだが、見た目はゴマ粒より小さな黒い小虫。パッと見、こいつがヒトを刺すとは思えない。

ところがどっこい！

その小ささを利用して服のなかに入りこむ。首筋や胸やお腹などやわらかいところをチクッと。だから「スケベ虫」と言われているのだ。耳のなかやヘソのなかまで入ることも。おお、恐ろしや……。噛まれた直後はなんてことない。でも翌日以降はとんでもない痒みに襲われる。水ぶくれもできて、こんなふうになります（写真）。

かいー。かいーよ。ヘソのなかまで刺されちまった（そこが一番痒い）。とんだ奄美の思い出、持ち帰ってしまったというわけ。ちなみに息子は、臀部に2ヶ所だけ。ということは、虫除けがちゃんと効いたのだ。ええ、私はテキトウに振りかけただけ。だから刺された。春先以降、奄美地方に行く皆さん、虫除けは必須ですよ。

美しい浜辺ほどたくさんいるというスケベ虫。水のきれいな渓流などに生息するブヨと似ているか（関東の言い方が「ブヨ」。関西圏だと「ブト」。正しくは「ブユ」）。美しい自然は大好きだけど、うーむ気が抜けない。虫は大嫌いな私です……。

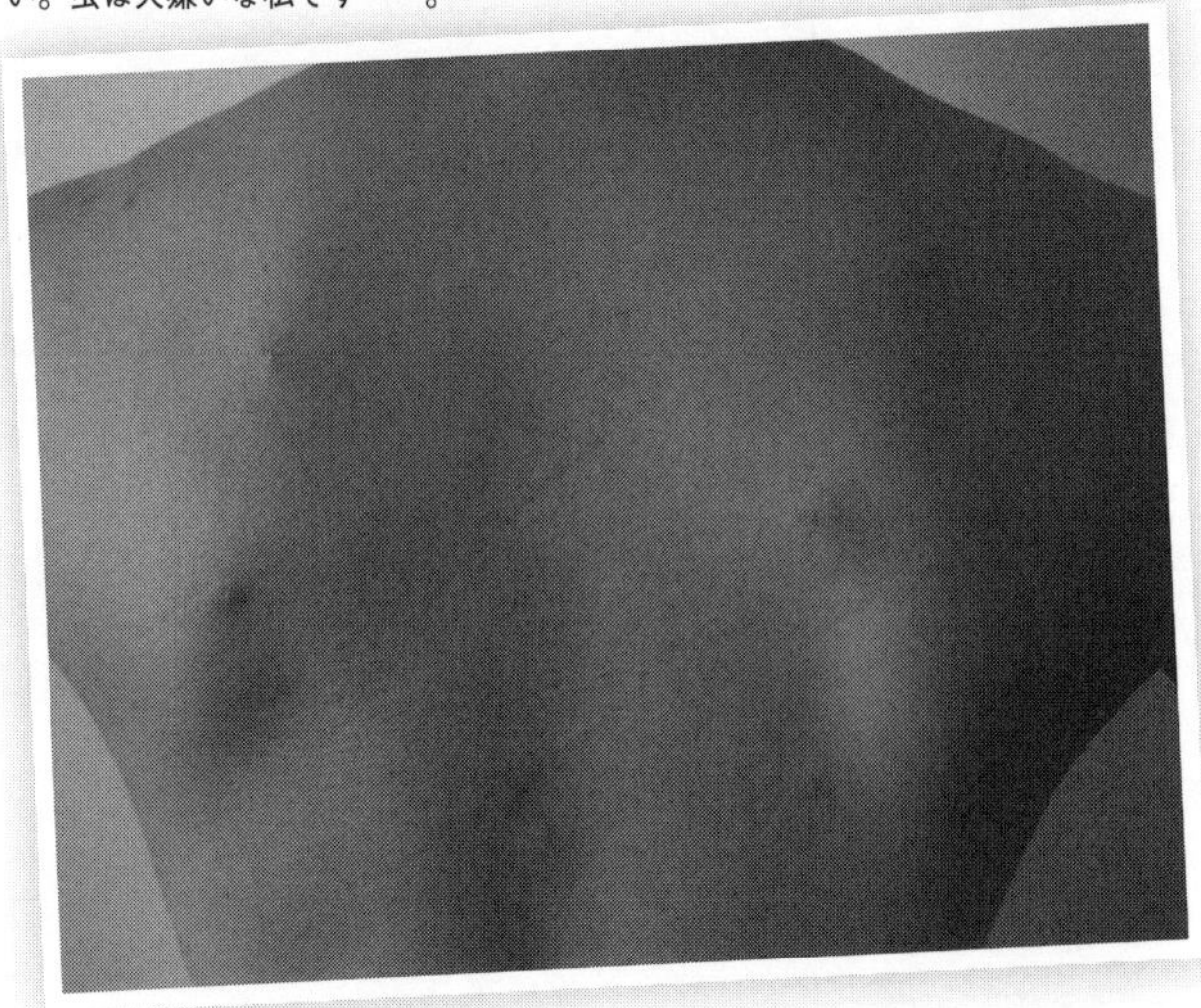

旅人のダイエット

覆水盆に返らず

子どものころから何を食べても太らなかった。むしろ食べないと痩せちゃう。肉付きの悪いジブンがコンプレックスだった。少しでもガリガリ体型から抜け出せるよう特段欲してはいなかったが、あえてカロリーが高い甘いものとかスナック菓子とか、クラブ帰りの明け方のラーメンとか焼き肉とかをガツガツ食らった……。

ん？　気づいたときにはちょっとぽっちゃり？　あららズボンの上にお肉が乗ってる！　暴飲暴食トレーニングを重ねた結果すでに胃はだいぶ大きくなって、遅ればせながら「マズイな」と思ったのが20代半ばだった。以来、「何を食べても全然太らなくてー」と奔放に飲み食いしている若者に出くわしたら、大丈夫、トシ取れば代謝が落ちて絶対太るから。いまあなたに重要なのは食事量ではなくバランス。太るの簡単、痩せるの大変！　などと口うるさく諭すようになった私である……。

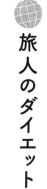

それはさておき、痩せなきゃ！　と危機感を抱いてからは肉体的にも精神的にも無理なダイエットを重ねた。たとえば夕飯はほぼ葉っぱだけのサラダのみとか、17時以降固形物を一切口にしないとか、酒を呑みながらアテは食べないとか……。それなりにウエイトは落ちたが、その当時の私は昼夜逆転に近い時間帯で執筆していたこともあり、また週に何度も朝まで呑むこともあって、顔色はいつも冴えず明らかに不健康体だった。その後、仕事の関係でプロのモデルさんとの出会いがあったりして、彼女たちに教えてもらったのは運動することとの大切さ。そのことを遅ればせながら知ってからはオートバイを一時封印した。東京でのすべての移動を自転車に替えたり、ツーリングに出かけたら途中でトレッキングを織り交ぜてみたり、サーフィンに夢中になったりした。サーフィンは本当にどっぷりハマってしまい、気づけば週3回海に出かけたりと、趣味の範疇を越えてアスリートのような生活になっていた。我ながら極端というか、はまり性なのである……。大波に巻かれてもバテないようジムにも通ったため、それなりに筋肉がついた。当時はまだカレシという立ち位置だった夫には「もはや女の背中じゃない！　ゴツ過ぎ！」と、どん引きされた。じゅうぶんすぎるほど身体を動かしているという安心感があったので、以前ほど厳しい食事制限はしなかった。朝昼は炭水化物でも甘味でも好きなモノをたらふく食べ、夕飯は基本、炭水化物抜きで20時までなら口にしていいルールに改めた。脂肪に比べて筋肉は重いため、体重は若干増えたが見た目が締まり、筋肉量や消費カロリーも増え、体内年齢が下がるなど、身体を動かす大切さを身をもって知ったのだった。

30代半ばで結婚し、昔ほど熱心に海に通わなくなり、短期間につけた筋肉は「あっ！」という間に消滅した。平日、夫の帰りを待っていたら夕飯が21時過ぎになることもザラ。酒と食が趣味の私たちは調子に乗って楽しくガンガン呑み食いした。アルコールの種類もいままでは焼酎一辺倒だったのに、旨みのある日本酒とかワインとかも呑むようになった。一気に肉がついたわけではないが、徐々に身体がゆるんでいった。

「あの」ジムへ

「産後太り」なんて言葉があるが、私も漏れなく息子を生んでからサイズアップした。執筆の合間に通えるよう仕事部屋から近い岩盤ヨガスタジオの会員になった。2年少々通ったが不思議なことにどんどん太っていく。なるほど、ヨガは体調を整えてくれるが痩せはしない、ということに気づくのだった。そして「身体を動かした！」という安心感からけっこうな量を食べていたのも肥えた要因。このまま小太りのオバサンになるのもシャクだ。数年前から話題の「あの」ジムに通うことに。たるんだお腹の冴えない中年タレントなどが、たった2ヶ月で腹筋をピシッと割り、すがすがしい笑顔を振りまくCMが衝撃的な、「あの」ジムだ。

私は手首とか足首とか鎖骨周りとか、目に付く部分が細い。生まれつき骨が華奢、というのもあるが学生時代ナンの運動もやって来ず、まったく歩かなかったから筋肉が付いていないのだ。友人いわく、着痩せして見える「お得な体型」らしいが……。だからこそ周囲には私のダイエット後の変化はほとんどわからないようだったが、実際は2ヶ月で4キロ、体脂肪率は7％、ウエストは恥ずかしながら14センチもダウン！「あの」ジムは担当トレーナーに食べたモノを逐一報告しなければいけなかったり、向き不向きは相当分かれるようだが、こう見えてマメな性格の私にはバッチリ「向き」だった。

そして「あの」ジムの特徴に「厳しい糖質制限」がある。なにより食材に対する知識が増えたのが一番の収穫。やはりダイエットにもっとも即効性があるのは、よく言われていることだけど米、パン、うどん、パスタなど、炭水化物を控えめにすること。ジムでトレーニングしていた2ヶ月間は完全に炭水化物抜きしたけれど、その期間が終わってからは、「まったく食べない。縁を切る!」というのではなく、過剰な摂取を避けた。たとえば朝の炭水化物は通常量食べて、昼は朝の6割程度。その代わり野菜やタンパク質を多めに。ちなみに肉より魚の方が低脂肪・高タンパクでヘルシーな栄養が摂れるのでおすすめ。そして夜は主食を完全に控えて、野菜やタンパク質がたくさん摂取できる鍋物とか具沢山スープとかボリューム満点のサラダとかをいただいた。この食生活に関しては、さかのぼると極端なダイエッター時代から習慣にしていたことなので、とくに苦労はなかった。夜にビーフシチューなど作ったとして、どうしてもパンが食べたいというときは、最近コンビニなどにもふつうに置いてある「ブランパン」を選べば糖質がずいぶんカットできる。

ブランパンの「ブラン」とは小麦の表皮のことだ。小麦の表皮(ブラン)のことを「ふすま」とも呼ぶので、「ふすまパン」と呼ばれることもある。そのブランパンは、通常の白いパンよりカロリーは8割以下、糖質は3割以下、食物繊維は18倍もある。またブランパンには人体に必要なミネラルも豊富に含まれている。正直言って決してうまいものではないが、集中して身体を絞っていた時期には本当に助けられた。

栄養について勉強していくうちに、炭水化物をせっかく摂るのなら、白いモノ（精製しきってカスしか残っていない白米やうどんや素麺）より黒っぽいモノ（蕎麦、雑穀米、ライ麦パンなどの、いわゆる低GI食品）の方が、明らかに身体に意味があることを知った。というのも白いモノ（高GI食品）には栄養がほとんど入っておらず、カロリーばかりが詰まっている。一気に血糖値を上昇させるため、血液中の糖の処理に「肥満ホルモン」と呼ばれているインスリンが過剰に分泌され、余った糖が脂肪として蓄積されてしまうのだ。逆に低GI食品では、糖が体内におだやかに取り込まれ、血糖値の上昇はゆるやか。インスリンも分泌しすぎることなく、糖はすみやかに組織に吸収される。

自宅でもできるダイエット料理のコツとしては、揚げ物を作るとき材料にまぶす小麦粉（もしくは片栗粉など）をおからパウダーに代替したり、ウエイトが気になるときは根っこに栄養をたっぷり蓄えた芋類、タマネギ、ニンジン、ゴボウ、レンコンなど糖質高めな「根菜」や、「果物類」を一時的に避けるのも効く。それからケチャップやポン酢など糖質高めな調味料も要注意だ。逆にダイエットに適している調味料はマヨネーズやオリーブオイル。味付けに甘めのタレを使うのをやめて塩コショウと搾ったレモンにすれば、ずいぶん糖質摂取量は減る。そうそうオイル類は髪や肌に必要な栄養分。積極的に摂るとダイエット中でもシワっぽくならない。

こうして食材に気を遣い、意図的に炭水化物を抑え気味にしていると、けっこうな量を食べても意外とカロリーが摂れていないことに驚いた。また、野菜をたくさん食べていると腹持ちがよすぎてお腹が減らないのだ。私の背格好の場合、一日に1760キロカロリー必要なのだけど、この数値に達するのってけっこう一苦労で、カロリー補充のためクルミやアボカドなど高カロリーで身体にいい油分を食べてなんとか調整した。トレーナーからは「カロリーを気にするな！　もっと食え！」と言われる不思議な展開だった。良質なモノを適量食べるのって難しい。炭水化物ナシでカロリーを稼ぐのは、努力とセンスが必要だと本気で思った。でも、けっこうな食事量を保ちながら2ヶ月かけて身体を絞ったので、そうそう簡単にはリバウンドしないそうだ。逆に、食べるのを我慢したり、偏ったものばかり摂り続けたり、極端なダイエットに走ると、「あっ！」という間に戻るそうだ……。

などなど「あの」ジムに通った2ヶ月間はちょっとした調理師学校に通っているような感じで、食品のカロリーなど相当数覚えることができた。パサパサしがちな鶏胸をやわらかく調理する方法も習得できた。しかしながらスーパーで買ってきた2キロの鶏ムネ。けっこうな量。たった2ヶ月で私の身体からその倍以上の肉や脂肪が消えたと思うとゾッとした。

とはいえ、ご存じの通り白い主食（白米、うどん、パンなど）はうまい。「あの」ジムに通って食の知識が付いてからは、いままで通り白いモノを毎日のように食べるのではなく、ガッツリ摂るのは週に一度のお楽しみにしている。たとえばミシュランの星が付いた最高においしいラーメンをツーリングの目的にしたり、旅先の高松で大好きなうどん屋に舌鼓を打ったり、お気に入りの大将の店で美しい鮨をたらふくごちそうになったり……。糖質を摂るのは「とっておきの日」にしたというわけだ。ふだんは身体にとって「意味のあるモノ」をいただこう。当時40歳という早い段階で、そのことに気づけて良かったのかもしれない。

旅のダイエットメニュー

週末仲間とワイワイ楽しく食べ過ぎても2日あれば元に戻せる自信があるし、外食とか旅先でのメニュー選びのコツもわかった私である。そうそう、旅先の食事はどうも糖質（炭水化物）に偏りがちになる。たとえばラーメンと半チャーハンとか、蕎麦にミニ天丼とか。これはもう絶対よろしくない。楽しく出かけて出発時と同じ体重で「ただいま」を言うのが理想。そんな私が常に心がけているのは高タンパク・低カロリー・低糖質なメニューを選ぶこと。ただそれだけ。つまり、単品を頼むより定食をチョイスしていろんな種類の食材をいただいた方が、バランスはいいに決まっているということだ。

先日、三浦半島の三崎にツーリングに出かけた。この場所といえばマグロ。口のなかで脂がジュワッととろけるその魚は、なんとなくダイエットには向いてなさそうだが、じつはそんなことない。本マグロの赤身でいうと一人前（約51グラム）の刺身で約60キロカロリー。タンパク質は13・2グラム。これを牛肉と比較すれば、比較的高タンパク・低脂肪で皮下脂肪ナシの肩ロースでも、50グラムでおよそ100キロカロリー、タンパク質は9グラムだ。そう考えると、魚ってバランスがいい。ちなみにマグロは良質なタンパク質をはじめ、動脈硬化を予防するEPAや脳の活性化に役立つDHAが豊富なほか、別名「美容ビタミン」と呼ばれる肌や髪にもいいビタミンEも多く含有する。

とはいえいきなりマグロをバクッと食らうのではなく、ダイエット的に食べる順番は気をつけた方がいい。こんな感じがおすすめ。

①〝ツマ〟と呼ばれる大根の細切り
②味噌汁
③マグロの酒盗や角煮など小鉢、漬物など

さていよいよ本題、刺身だ。順番としてはカロリーが低いビンチョウマグロ→赤身→中トロ。だんだん脂っこいものにシフトするのが好ましい。そして最後に白米をぱくり。白米と言えばダイエットの典型的な敵だが、ツーリング先では少し食べておいた方がいいと思う。脳みその働きをよくし、注意散漫になるのを防ぐからだ。とはいえこの時点でお腹がだいぶふくれている。胃袋は白米をそんなに欲していない。ほら半分も食べられない。これでいいのだ。ごちそうさま！

よく、「持病と上手に付き合っていく」なんて話を聞くけれど、ダイエットも同じだと思う。これはもう気を抜かずに、ジブンの身体を100点満点で考えたら「合格点」である80点は常にキープしたいところ。肥満は万病の元。常に身体に気を配っておけば、些細な不調にも気づく。ちなみに4歳の息子は私の口癖、「太ったらニンゲン終わりだ!」をいろんなところで言い回っているらしい。この間、保育園の先生に「●●くん、そんなことしゃべってましたけど……」と言われてビックリした。あいつスピーカーだから気をつけねば。

ダイエットメモ

- アボカドやナッツ類と乳製品は身体にはいいけど脂質が多いので、食べるタイミングとして昼がベスト。
- ピーナッツは糖質が多いので控えめに。おすすめナッツはアーモンド。
- ウインナー、はんぺん、すり身などの加工品は糖質高めで要注意。おいしいけど……。
- ダイエット中は便秘で悩みがち。そんなときはナメコが効く。
- カレーはカロリーが高いと思われがちだけど、それは小麦がたっぷり入ったルーを使うから。

カレー粉やスパイスで味付けすると、一気にカロリーが下がる。加水はせずココナッツミルクとトマト缶のみで煮こむとエスニック感が増して私は好き。

●BBQは全然アリ！　エビ、ハモ、ラム、ハツなんて最高!!　その代わり味付けは塩レモンとかで。焼き肉のタレは糖質まみれ。

●砂糖の代わりにラカント（カロリーゼロの自然派甘味料）を使って、ドレッシングなど作るようになりました……。

●主食で迷ったら茶色いモノを！　コレ、鉄則!!　玄米、蕎麦、ライ麦パンなどをチョイス。

●モヤシとか豆腐とか鶏胸肉とかワカメとかキノコとか、結局は身体にいい物って安い。日々の食費までダイエット成功。

●なにもダイエット中だからと塞ぎこむ必要はない。食材を理解すれば外食も怖くない。とくに居酒屋はダイエッターの強い味方。OKメニューは刺し盛り、牡蠣、ネギマ、タコわさ、タン塩、塩モツ、豚足、ステーキなどのタンパク質。野菜なら、やみつきキュウリ、キムチとか漬物、野菜炒め、サラダ、野菜の肉巻きなどいくらでも食べて大丈夫なものはある。お酒は焼酎やウイスキーやハイボール。辛口ワインや日本酒も少量ならOK。一方で、さらしタマネギは根菜なので糖質高め。フライドポテトとか肉じゃがとか芋類はやめた方がいい。カニかま、胡麻ドレッシング、味海苔も糖質に注意。レバカツやトンカツやフライは、カロリーはさておき衣にパン粉（＝炭水化物）を使っている。焼鳥屋の焼き物ならだいたいＯＫだけど、つくねはつなぎに粉モノが入っているからＮＧ。でも〆のごはんや麺より、うんと微々たるものだからアリだとは思うけど……。ビーフシチューはスープに思いのほかたくさんの糖質が含まれるので要注意。

●最近、糖質制限ダイエットブームで白米をまるっと残す客がいてウンヌン、定食屋は困っていると朝のワイドショーでやっていた。私は最初から言う。白米少なめで！「値段変わりませんがいいですか？」（定食屋）。かまいません!!

北海道の寂れた温泉街、１軒しかやっていない定食屋。一番タンパク質多めなメニューがこの焼き肉ラーメン定食。糖質たっぷりの甘いタレに米までついていた。ああ、自炊したいと思った。

２キロの鶏胸肉は炊飯器で自家製鶏ハムに。肉に塩コショウをキツめに塗りジップロックへ。多めのオリーブオイルを注ぎ密封。かぶるくらいの熱湯をお釜に入れたら保温機能で２時間。

●都市の旅ではなんら問題ないけれど、田舎はメニュー選びが大変だった。北海道を旅したときのこと。キャンピングカーをレンタルして基本自炊をした。ある日移動に時間を食ってしまい、仕方なく定食屋に入ることに。道東の、かなり度を超えた田舎町だった。いわゆるラーメンと半チャーハン的なWの炭水化物ってやつしかメニューになく本当に困った覚えが……。私とは全然立ち位置が違うけど、宗教上の理由で豚とか牛とか食べちゃいけない人たちも旅は大変だろうなぁ……、なんて思ったり。

●魚は高タンパク低カロリーの代表選手。鰹の香味野菜乗せは鉄分多めで栄養満点。ちょっと太ったなというときのメニューに重宝。

●「あの」ジムに通っていたときは、糖質制限にプラスして筋トレを週2回こなした。ジムを卒業してからは、仕事部屋近所の岩盤ヨガでスペシャルクラスのみレッスンを受けている。筋トレ要素が強いクラスなので、それなりに体型はキープできている。

ダイエット中の弁当は米抜き、すべておかず。そうなると気になるのは塩分。米には塩気が含まれていないからだ。ダシなどの旨み調味料を駆使し、減塩を心がけた。

クニイ的コラム　弁当生活の夜明け

独身時代、私の冷蔵庫に入っていたのは、たくさんの酒と少しの調味料だけ。朝はファミレス、昼は定食屋、夜は居酒屋。ＡＬＬ外食でたいした贅沢もしていないのに月の食費は10万を軽く越えた。結婚する際、夫と今後について毎晩話し合った。まずは私の食費を削ることに落ち着いた。ふたりとも仕事場には弁当持参、ＡＬＬ自炊で月／３万円に押さえよう！　それだけで年間１００万円は貯金できる算段！

慣れない料理にはじめは心折れまくったが、夫の手助けもありなんとか軌道に乗った。面倒くさかった弁当作りも次第に慣れた。まれに弁当ナシで出勤した日、ランチを漁りに行くのがおっくうに感じるように。それに外食ってじつは肉と野菜と炭水化物のバランスが非常に悪く、それでいて１０００円近く取られる……と、ケチばかりつけるように。そう考えると弁当ってなんてラクで健康的なんだ。しかも安上がり。人って変わる！　弁当生活オススメですよ〜！　結婚して初めて知ったこと。

こちらは夫への弁当。私のも同じ弁当箱だけど配置を変えて白米少なめ、おかずを一品多くしている。前の晩のおかずを詰めただけ。おいしいかと聞かれたらちょっと味気ない気もするけれど、あるとないとじゃ全然違う。ちなみに夫の会社は電子レンジがあるらしく、チンして食べているそう。写真の弁当は2017年10月、前の晩わが家で持ち寄りＢＢＱをした。そのときのモノをアレコレ詰めた。

進化系野宿のススメ

子どものころ、私の実家は住宅街と商店街の境目で学習塾を営んでいた。ただいまーと玄関を入ってすぐ、20畳ほどの場所に「教室」とわれわれが呼んでいる部屋があった。そこには学校とまったく同じ勉強机や椅子がずらりと並び、壁二面には黒板が取り付けられていた。同級生たちは自宅にまさかそんなものがある家などないから、放課後にわが家に遊びに来ては黒板にめいっぱい絵を描いたりして楽しんでいた。

塾は当初この20畳の教室だけだったが、ときはバブル絶頂期。子どもの塾通いが当たり前の時代となり、中庭に面した掘りごたつがある1階の和室も教室として改築された。加えて和室の前にあるちょっとしたスペース――そこには壁一面にしつらえられた本棚があるため「図書室」と呼ばれており、私の一番のお気に入りペースで学校から帰宅するやそこでいつも漫画を読んでいた――にも所狭しと勉強机が置かれた。さらに私が小学校高学年になると、なんと家族のプライベート・スペースだった2階のリビングやダイニングにも教室が侵出してきたのである！　17時から21時までは塾の時間だったため、夕飯はジブンの部屋でこっそり食べた。というか、この2階の6畳間こそが私の唯一のプライベート空間だった。目の前にある兄の部屋は、受験生たちの休憩場所になっていた。さすがにこの状況には幼かった私も疑問を抱き、こんな家絶対おかしいでしょ。ていうか家じゃないでしょ。私も同級生たちみたいに部屋着でウロウロしたい！と、父に訴えてみたものの、「誰のおかげでメシが食えると思ってるんだ！」というグウの音も出ないことを言われ、

旧キャンパー納車後一発目の旅行はサーフトリップで四国へ。8月の高知をなめていた。暑すぎる……。あっという間に身体中アセモだらけに。ランチは風が通る四万十川のほとり。クルマの陰に隠れて冷やし中華を作った。

私は押し黙るしかなかった。いま思えば親も仕事を広げることに必死だったのだろう。ちなみに兄はそういう状況に無頓着というかあきらめていたというか、むしろ運命を受け入れているような感じで騒ぐことはなかった。

そんな風変わりな家で子ども時代を過ごしたからこそ、「私だけのプライベート・スペース」に対するあこがれはすさまじかった。18で免許を取ってスグ、兄にボロボロのステーションワゴンをお下がりでもらった。移動する私だけの部屋……。大音量で音楽を掛けても、それに合わせて歌っても、誰からも文句を言われない……。楽しすぎる！　後部座席に布団を敷き、まるで鉄砲玉のように車中泊の旅を繰り返したのは言うまでもない。

私は次第にクルマにさらなる居住性を求めていった。もっと快適に広々と眠りたい。もっとおいしく食事がしたい。できたら料理も作れたらいいなぁ……。車内がガランとしたハイエースのようなワンボックスカーもいいけれど、逆に収納がないと散らかる。あと背をかがめずに車内をウォークスルーできたらいいなぁ。なんてことを考えたらたどり着くのはやはりキャンピングカーで、展示会にも何度か足を運び、あこがれから現実へと着々と変わっていった。

30代に突入し、キャンプ場のように管理されていない辺境の地で野宿遊びをしたり、雪山をジブンの足で登りゲレンデではない斜面を滑降する「バックカントリー」に興じたり、趣味がより自然に近づいたというか、遊びがどんどんダイナミックになっていった。ついにはキャンピングカーを購入。2008年のことだった。ただ予算の関係もあり、初めての車両は簡素な作りの中古車を選んだ。老夫婦や子どものいない夫婦が使うのにちょうどいい大きさで、車両はマツダのボンゴベース。小回りがよく利き高ささえ気をつければ運転はしやすかった。運転席と助手席の上部には天井が近くてちょっと狭いがバンクベッドがあり、そこに大人ふたりが寝られた。また、後部座席のテーブルセットを畳むとそこも寝床になった。大人4人で出かけてもじゅうぶんな広さはあった。キッチンスペースには限りがあるのでそんなにたいそうなメニューは作れなかったが、小さいけれど一応ちゃんとした冷蔵庫も付いており、旅先で惣菜を買ったり、市販のダシにすでに切ってある具材を入れるだけの簡単な鍋などを、お酒を呑みながらゆっくり楽しんだ。トイレやシャワーはあえて付けなかった。道の駅やコンビニでトイレは何とでもなるし、日本にはあちこちに温泉や銭湯があるからだ。しかし後部座席に冷暖房がないので、エンジンを切ってしまうと夏は暑く冬は寒く、季節によって行く場所は限られた。しかも排気量が１８００cc。２トンの車体＋ヒトを運ぶには非力すぎた。山道に差しかかろうものならエンジンは悲鳴を上げ、雪道なんて怖くて一度もトライしたことはなかった。

キャンピングカーの醍醐味はふつうの旅行者がなかなか行けない別世界で寝泊まりすることだろう。白銀の世界に一度は泊まってみたかったが、先の理由から願いはかなわなかった。けれどキャンパーを買ったころちょうどサーフィンにドハマリしていた。週に１〜２回は前の晩から出かける「前乗り」をしては車内

仲良しへアメイクさんが帰郷しているというので四万十川をぐんぐん遡り彼女たちがＢＢＱしている河原に向かった。四万十川らしい沈下橋の風景。しかしなんて贅沢な場所に田舎があるのだろう。

で仲間たちと楽しく酒を呑み、少し肌寒い10月ごろになると沸かしたお湯で芋焼酎を割って深酒。決まって翌朝は寝坊するのだけど、日が暮れるまでみっちりサーフィンする日々が4年は続いた。そう考えたら初代キャンパーの元はじゅうぶん取れたといえる。

2013年5月に息子が生まれてからは、遊び方がサーフィン一辺倒ではなくなった。トレッキングをしたり、湖畔でキャンプをしたり、純粋に旅を楽しむようになってからは1800ccの初代キャンパーでは物足りなくなる。近い将来雪遊びもしたいし、海から上がってサクッとシャワーを浴びられたら便利。あと、子どもが小さいうちはトイレも付けた方がいいかもしれない。夫と何年も話し合い、イベントがあるたびに展示会場に何度も足を運び、4WDのディーゼルターボでメーカーはトヨタ！と、車種の目星を付けてからは、しつこいくらいにディーラーを訪れた。じつに2年以上の時間をかけて現在の2代目キャンパーの購入に至ったのだった。

ちなみにわが家はこのキャンパー1台態勢。そのことを周りに言うと、「順番違くない⁉」と、驚かれる。でも自宅に乗用車がなくても特段不便はしていない。一瞬アパートの駐車場に設置してあるカーシェアリングに申し込もうかと思い、数ヶ月間様子を見て過ごしたけど、とくに必要性がないことがわかる。というのも私たちの移動の基本は徒歩かママチャリか電車。いざとなったらタクシーでも、ていうかキャンパーだってあるのだ。ほかのクルマより車高は高いけど、ベッドがいくつもあってキッチンもついていてトイレだってあるけれど、ほかのクルマと同じで走ることができるのだ。駐車場が3メートル以下であれば、買い物だってふつうに行ける。ただしちょっと目立ち過ぎるのがタマにキズだけど。

2017年夏の家族旅行は2代目キャンパーで東北一周。電子レンジがあったり水をたくさん使えたり、お湯も出るし、1代目より設備が豪華に。料理もふつうにできる。朝から具沢山うどん、すすり中。

2代目キャンパー納車後ずっと夫に運転をまかせきりで、2ヶ月近く経ちようやくハンドルを握る。少し緊張……。ハイエースとか、こういうデカいクルマを運転していると、なぜか行商気分になる私。さぁ、なに売りに行こうかね(笑)。千葉県館山へサーフトリップ。

決して悪魔に魂は売っていない

たとえば封の開いた味噌が冷蔵庫にいくつもあるとか、同じような長さ、用途のサーフボードが家に何枚も転がっている、とか……。モノがあふれた状態が昔から嫌いで、常に身の回りをスッキリさせてきた。わが家の自転車はミニベロが夫と私で1台ずつ、ロードバイクが1台の計3台。ある日、夫に持ちかけられた「息子の保育園の送迎用に子乗せ自転車が欲しい」というプレゼンは、もちろん、当然、はねのけた。だってその自転車が活躍するのってほんの数年だ。保育園は徒歩圏内にあるし、そもそもうちにはすでに3台ある！　ちなみにわが家はその当時3歳になったばかりの息子の保育園への送りは夫、お迎えは私の分担制だった。ベビーカーで行っていた。

ところで私は〝一石二鳥〟とか〝一挙両得〟とかいう言葉が大好き。飼い犬の散歩は約1・5キロ離れた仕事部屋へ一緒に出勤がてら。帰りは息子のお迎えがてら。右手でベビーカー、左手でリードを持って帰宅する。ところがその美しい流れが乱れ始める。息子がなんでもジブンでやりたがる時期に差し掛かったからだ。それまでは保育園で帰り支度をサッと済ませ、息子をベビーカーにホイッと乗せる。園を出るまで3分かからなかった。けれど息子が「ジブンで！」と主張しだしてからは、教室を出るのに上履き履いて（室内は裸足で過ごしている）、それを下駄箱の前で脱いで、今度はスニーカーに履き替えて……いたかと思ったら、わ！　脱走した！　こら、待て〜!!　10分はかかるように。さすがにその時間イヌを園の外で待たせられない。誘拐や、夏だったら蚊に刺されたり、冬なら寒さに震えてはいないか、何かと

右手にベビーカー、左手にはリードの“二刀流”移動。息子が生まれて約3年で幕を閉じた。流れる日々の早さに驚くと同時に少し寂しさも……。

心配だ。そうなると自宅に一度イヌを置きに帰り、私は徒歩で保育園へお迎え……。うーむ、30分のロス。

思いあぐねていたら、夫が突然「軽四輪を買えばいい」と言い出した。

「お迎えとか軽で済ませれば時短になるだろう」

この男はこの期におよんで何を言うのか。驚いた。というのもわが家のクルマはキャンピングカー1台体制。それでもやっていけるのはふだんの生活にクルマが必要ないから（「進化系野宿のススメ」参照）。軽四輪は維持費が安いとはいえ、私たちが暮らす界隈の駐車場代はひと月約3万円。それに税金、保険、車検、消耗品、ガソリン代を入れたらいくらになるの！ だいたい土地が乏しい世田谷の保育園はクルマの送迎は禁止だ。

ん、ちょっと待てよと思う。

軽四輪ではなく電動付きの子乗せ自転車を買ったらどうだろう。ずいぶん安上がりだぞ。「この勝負勝った！」と、ほくそ笑みながら私が提案すると、なんとなく納得していない様子の夫だったが承諾してくれた。

かくして5月最終日のとびきり晴れた日、長年お世話になっている墨田区は本所の寺田商会さんで子乗せ自転車を購入した。寺田さんの店までは電車で行った。つまり帰りは世田谷まで20キロ弱を自走した。自転車に明るくない人からはちょっと驚かれそうな距離だけど、私は子どもを産むまでふつうに都内の移動は自転車でこなしていた。一日50キロ漕ぐこともザラだった。だから墨田区から世田谷区まではなんてことない距離。また、寺田さんいわくこのママチャリ、フル充電で30キロくらい走るそうだ。なおさら余裕！

　私が暮らす世田谷は地名に「谷」が付くくらいだからアップダウンが多い。しかし都心部も負けていなかった。蔵前橋通りが神田に差し掛かるあたりか、妻恋坂、清水坂下など交差点には「坂」という文字が付いている。スマホのＧｏｏｇｌｅマップで最短距離を検索したところ、案内された大久保通りなんかもっとすごくて、行けど進めど坂だらけ。よくよく考えたら大久保＝すごい窪地＝坂という意味か！

　長く急な傾斜をママチャリにアシストしてもらいながらグングン上った。戸山団地から明治通りに繋がる長い坂を滑り降りている最中「もしかして……」と、急に思い立つ。というのも「軽四輪が欲しい」と言った夫。このママチャリを買わせるための作戦だった⁉ うわぁ絶対そうだ。やられた‼　けれど新しい自転車にすっかり浮かれている私だった。

だってこれからはこのママチャリに息子を乗せて、カゴにはイヌ。家族みんなでサイクリングできる。なによりこの自転車でいまから保育園へお迎えに行く。息子にホイッとヘルメットを渡して「後ろ乗りなよ」と言ったら、いったいどんな顔するだろう……。あれこれ想像しながら、梅雨目前のさっぱりした薫風を切って、息子が待つ世田谷を目指した。

オトナになってから乗った自転車はどれもカゴがなかった。だからママチャリの便利なこと、目からウロコがボロボロと！ 1週間分の食材、トータル約1万3000円ほどならすべて積めちゃうママチャリ。スーパーに駐車場がなかったりする世田谷で、その乗り物は小回り抜群。パーキング代も要らない。

夫の「ママチャリが欲しい」というプレゼン、何度はねのけてきた数年間だったんでしょう。「バカだね、あんた」当時の私にそう言ってやりたい。そのくらい、この自転車のおかげで行動範囲や、「どこか行こうか」という気持ちが広がった。

クニイ的コラム　おうちで花見

今年の冬は本当に寒かった。ようやく空気がゆるんだかと思いきや、ふたたび冬の装いに戻ってしまった私のところに小さな春が来た。厳密に言うと、花屋で「春」を買ったというのか、いや、それってなんか「買春」みたいで物騒な響きだな。ブッブッブッ……。

咲いているのとツボミと、どちらがいいか、馴染みの花屋のお姉さんに聞かれて、もちろんツボミに。長く楽しみたいから。お姉さんいわく、桜が散り始めたころ葉っぱが出てくるそう。葉桜かぁ。それもまたいいねぇ。

誘われればノコノコ行くけれど、私は花見って苦手なのだ。地べたに座るという行為が。トイレが遠く、公衆トイレのため汚い、というのも。そういうところ、すごくインドアなんです。だったら花見、家でしちゃえ。そう思い立ったのが昨年。馴染みの花屋に行ったところ、ほぼ満開の桜しかなく、お姉さんから「500円でどう?」と言われたけど、おうちで花見は翌年に取っておこうと思った。で、満を持してその日が来たのだった。

去年のうちに花瓶も目を付けておいた。高いのなんて買えないから、安くて、見栄えがする四角いガラス製のそれをニトリで買った。お値段以上だった。息子は生けた桜を見て「さくら〜、さくら〜♪」と、音程めちゃくちゃだけど機嫌良く歌っていた。仕事から帰ってきた夫は、桜を見るや「でかっ!」と驚き、ちょっと不機嫌そうな顔をした。この人とは本当にいろいろ趣味が合わないけど、買っちゃったモン勝ちだ。さてと。向こう数週間、花見をしながらちびりちびりと杯を重ねよう。

もうちょっと春が進んだらドウダンツツジを飾ろうと思っている。四季折々リビングの装飾、楽しめそう。

せっかく生けた桜をきれいに見せたいがため、この時期は部屋のなかを一生懸命掃除している。相乗効果。

忘れじのサーフトリップ

トラウマ夢枕

壁のようにそそり立つ波が、まさにいま私の目の前で崩れかけていた。

ほんと、アタマに来るわー！　舌打ちをした次の瞬間、崩れた真っ白な波に洗濯機のように揉まれ、海底に引きずりこまれ、足先が岩礁に触れた。息ができない。ああ、もう、ムカツク!!

目が覚めた。真っ暗だった。スマホを手に取る。明け方4時だった……。

毎年のように11月の終わりから約1週間、フィジーの小島を友人20人ほどで借り切ってサーフィンまみれな時間を過ごしていた。２００５年から２０１０年まで6回通った。日本では味わえないパワフルな波を友人たちとシェア。まさに「ウハウハ」な、夢のような日々だった。大波と遊べるように、毎週房総半島に通って練習した。平日はパーソナル・トレーナーに付いて筋トレに励んだ。フィジーのほかに、インドネシアのバリ島やロンボク島、ハワイやオーストラリアにもサーフトリップに行った。私の頭のなか、いい波に乗ることばかりが占領していた。

　約6年間、真剣にサーフィンに打ち込んだので、さっきの夢のなかみたいな大波が襲ってきても、まぁ死にゃしないだろうと、やり過ごす余裕があった。

「波にクチャクチャにされてもなお、沖に向かうなんて、ほんとドエムですよね〜」なんて言われることもあったが、いえいえ、むしろ根っからのエス体質。波にグリングリンにされるたびに燃えていた。ぜったい負けない。ああ、ムカツク！ ん？ それってもしかしてドエムなのか？ わからん。

2009年12月は波の当たり年。ていうかヘタッピな私にはデカ過ぎ！ フィジーはナモツ島、大好きなレフト・ポイントにて。

結婚して、息子ができて、海から遠ざかった。なんとか月1くらいサーフィンできればいいかな。冬？　しないしない、寒いもん。そんな感じの、ゆるゆるサーファーに成り下がってしまった。サーフィンに燃えていた当時の私だったら、なんてことはないと思っていたサイズの波にビビるようになった。いまは「腰サイズ」以上の波は見学！　やられた思い出ばかりが全面に立ってしまって……。つまりトラウマ。

いつかまた、サイズのある波と遊べる日が来るのかな。それとも近い将来、一緒に海に入るかもしれない息子に「お母ちゃん、こんな波にビビるなんてだせーな」と、バカにされるのだろうか。後者な気がする……。

こんにちは、サーフィン

そもそもサーフィンにハマったのは、2003年10月から半年間レギュラー出演させていただいていた「常夏ガール」というテレビ番組がきっかけ。この話を持ちかけてくれたプロデューサーはバイク乗りで、拙書の読者様。ありがたいことです……。ロケではいろんな所に行けるだろうし、すてきな人にもたくさん会える。楽しそう。ぜひやりたい！

二つ返事でＯＫした。

でも本当のことを言うと、初めてのサーフィンはピンと来なかった。第一の理由は「仕事」である、ということ（これを言ったら元も子もないけど）。波乗りを楽しむ以前に常に時間に追われ、海から上がるや髪を乾かし、メイクも一からやり直し。衣裳を着替えて次の撮影にスグ取りかからなきゃウンヌン……。ロケは早朝集合にもかかわらず終わるのはたいてい深夜で、おまけに肝心のサーフィン自体、楽しいのかおもしろいのかちっともわからないまま５～６回の収録が終わった。

でも同番組の収録でハワイに行ったときのこと。海とジブンのコンディションがピタリとはまった瞬間があった。ふだんなら沖に出る前にネを上げていたパドリングが、この日に限ってスイスイ進んだ。波も次々と捕まえられて、いざテイクオフ。一段高い目線から見えた海面は一層輝きを増し、背後からは波の音が心地よく聞こえる。ボードの上に立っている時間はおそらく10秒とかなんだろうけど、「時間が止まっている」ような不思議な感覚は、いままで経験してきたどのスポーツとも異なった。それはめくるめく世界へのとびらを開いた瞬間で、海に浮かぶ、地球と遊ぶ、なるほどサーフィンとはこういうものだったのか！　何とも言えない興奮に包まれた。

その後、番組スタッフに呆れられるほど、私はサーフィンに夢中になった。岸から「上がれ」サインを出されても、見ないふりして沖へとパドル。少しでも長く波と戯れていたいから、海上がりのメイクはしなくてもいい。この変わりっぷりにはジブンが驚いた。番組が終わってからも、サーフィン熱は冷めるどころかますますヒートアップした。真冬だろうが台風が来ようが毎週海へ通う生活が始まったのだった。

南伊豆にて将来の私たちを想う…

数年前、家族とキャンピングカーで南伊豆に行ったことがあった。もちろん東京より南で温暖、というのはあるけれど、それ以上にすごく天気に恵まれた4日間だった。その証拠に、冬がそこまでやって来ているその時期では考えられないおかしな行動を息子は取っていた。ズボンを脱ぎさり波打ち際へダッシュ！

子どもがまだ小さかったので、夫とは交代でサーフィンした。知らないヒトだらけの海にひとりで入るのだけど、浜を見ると息子が手を振って応援してくれている。こうやって浜と海とで繋がっている安心感は悪いものではなかった。何年か経って、同じ海に入れたらいいな。

「母ちゃん、さっきの波、ビビってたけど、全然行けただろ」なんてこと指摘されたりして……。

うるせー。私なりにがんばってんじゃボケー！

私たちの未来を想像するとき、なんでかやっぱり揉めている場面なんだよな〜。

泳ぐのは大好きな息子だけど、それはプール限定。「海はしょっぱいからキライ」なんだそう……。南伊豆は多《た》々《た》戸《ど》浜にて。

送る側と送られる側

初めての「ふるさと」

私の実家は自宅から1キロちょっとで、生家も隣の隣町。生まれてこの方3キロ圏内でしか生活したことがないので、「ふるさと」という響きになんかワクワクする。2011年夏に結婚した3歳年下の夫。彼の実家は石川県の金沢にある。金沢と言えば、エビ・カニ・ブリ！　その街はうまいもんの宝庫で、しかも年下のお義兄さんは、金沢では有名な酒蔵で杜氏を務めている。結婚して以来、わが家の食卓が急に日本海色に染まった。新風が吹いた！　そう考えると結婚て悪くない。

金沢には年2回ほど帰省している。夫よりなぜか私の方が張り切っているし、楽しんでいる。北陸新幹線が開通してしばらく経つが、私たちの移動はもっぱら飛行機だ。飛行機好き、というのもあるけれど、イヌや小さい子どもがいてなにかと荷物が多い私たちにとってその乗り物の方がラクなのだ。家からクルマで羽田へ。空港に着いたらすぐ大荷物を預けて身軽な姿で搭乗ゲートへ。空港内はたいていフラットだ。電車みたいにホームへ行くたび階段を上り下りしなくていい。エレベーターを探してグルッと遠回りすることもない。1時間足らずの空の旅で小松空港に到着する。イヌと荷物をピックアップし、レンタカーに詰めこんで即お義母さんの家へ。もし新幹線しか移動手段がないなら、家族連れで金沢にはきっと行けない。

ラク、というのはもちろん、飛行機の最大の利点はマイルが使えることだ。私たちは夫婦ともに仕事で飛行機によく乗るのと、クレジットカード機能の付いたマイレージカードも持っているので、気づくとマイルがけっこうプールされている。つまり金沢への交通費は毎回タダ。

息子はまだ一度も新幹線に乗ったことがない。関西方面へたびたび出張に行く夫に「新幹線に乗ってズルイ！」と怒る。飛行機好きの母を恨みたまえ。年の瀬の小松空港。

あ、イヌだけ往復1万2000円取られている。小型犬なのに大型犬と同料金なんてちょっと腑に落ちない。けど新幹線だったら大人ふたりと小児で往復6万円は軽く越す。旅費がものすごく跳ね上がる。あと、マイルのいいところは家族に譲渡ができること。貯まったマイルで年に一度は金沢で暮らすお義母さんを東京に招待している。

東京のおもてなし

2017年のGWも、お義母さんをお招きして一緒に過ごした。その時期の東京は多くの人々が観光地に出払う

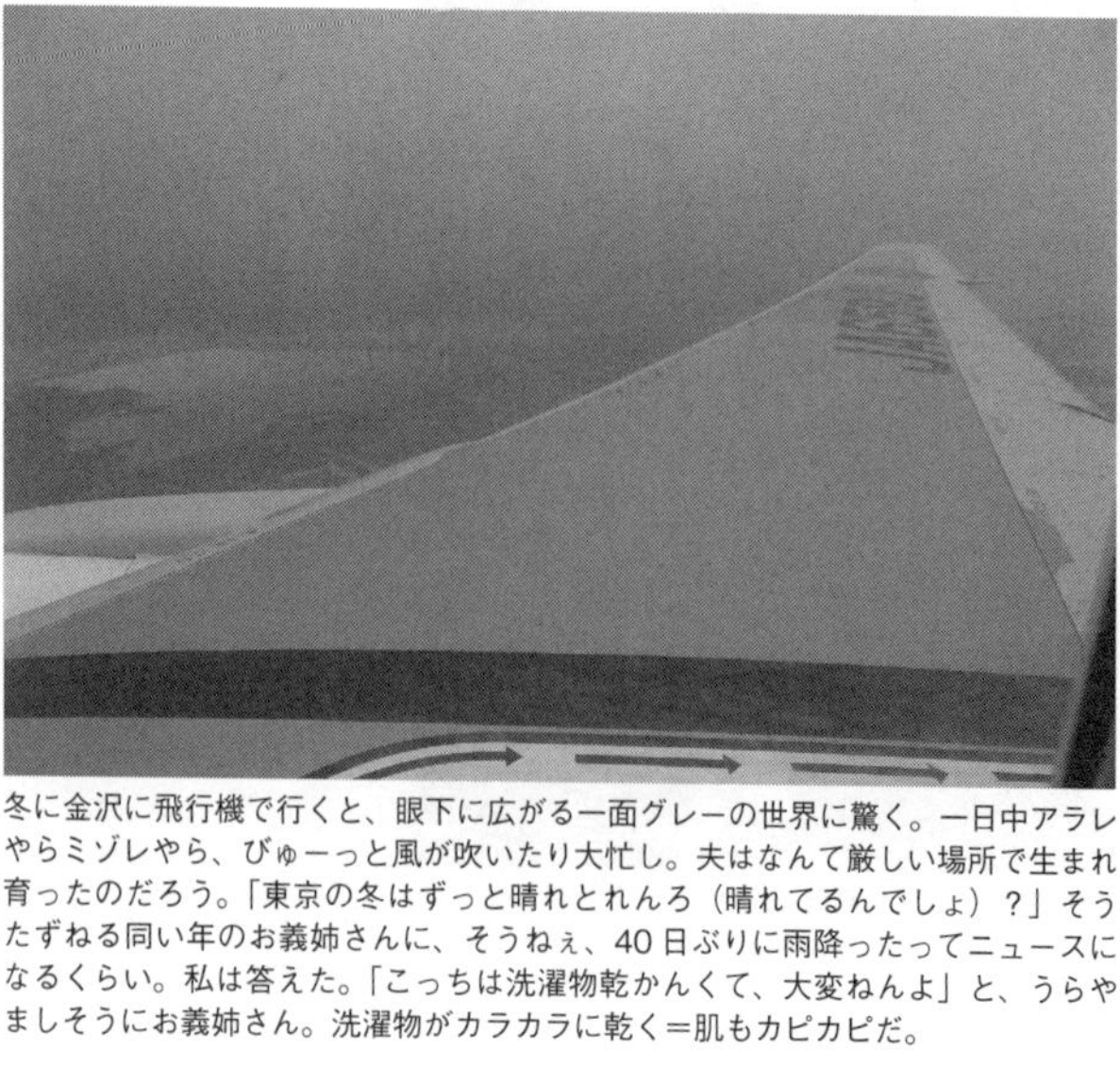

冬に金沢に飛行機で行くと、眼下に広がる一面グレーの世界に驚く。一日中アラレやらミゾレやら、びゅーっと風が吹いたり大忙し。夫はなんて厳しい場所で生まれ育ったのだろう。「東京の冬はずっと晴れとれんろ（晴れてるんでしょ）？」そうたずねる同い年のお義姉さんに、そうねぇ、40日ぶりに雨降ったってニュースになるくらい。私は答えた。「こっちは洗濯物乾かんくて、大変ねんよ」と、うらやましそうにお義姉さん。洗濯物がカラカラに乾く＝肌もカピカピだ。

ため空いている。ゆっくり過ごすのにいいかと思ったのだ。ところでお義母さん、東京に来て何したいだろう。上京数日前にたずねてみた。メールで返ってきたのはふたつだ。

①小江戸（埼玉県川越）

②富士山

ずいぶんまた単純明快なリクエストが来たものだ。でも②の富士山は金沢からこっちに来る際のフライトで「感動的なほどよく見えた」らしく、予定していたスカイツリーからの富士山を望む案は急きょ取りやめた……。ひとまず初日は羽田でお義母さんをピックアップし、川越へ向かった。古い街並みが保存された川越は「小江戸」と呼ばれていて、江戸時代には親藩・譜代が治めた川越藩の城下町として栄えた。そのため城跡、神社、寺院、旧跡、歴史的建造物などが街のあちこちに保存されている。テレビの情報番組などにもよく出ていて、かく言う私も何年か前、初めて川越来訪したときは朝の情報番組に感化されたクチだ。女性レポーターが小江戸のレトロな街並みをそぞろ歩き、土産物屋で和柄があしらわれた小物を手に取ったり、うなぎを頬張っていたりしていた。川越の周りに流れる川では、昔はたくさんの天然うなぎが獲れたそう。海のない埼玉。庶民にとって手軽に食べられるタンパク源は河岸で捕れるコイ、ドジョウ、うなぎなどの川魚。その名残でいまでもこのあたりにはうなぎ店が多いと、女性レポーターがホクホクの鰻重をつつきながら説明していた。うなぎにロックオン！　鰻重、食べたい!!　何を隠そう私はうなぎが大好きなのだ。某二輪誌に川越うなぎツアーをプレゼンするため、さっそく次の週末ロケハンかたがた夫を誘い、それぞれのオートバイに跨り小江戸を目指した。

初めての川越は想像していた以上に旧い街並みが残っていた。メインストリートである蔵造りの通り、県道39号線は片側一車線ずつで交通量がけっこうある。秋晴れの土曜だからか観光客の多さにもびっくり。誰かが映りこまない写真など撮れやしなくて、途中から開き直った。わいわいにぎわう雰囲気も楽しそうじゃないか。夢中でシャッターを押している隣で夫はクールな表情。あ、そうか、このヒト金沢出身……。見慣れているんだ、古風な景色……。

それはそうと、「近い」というのが川越を気に入った最大のポイント。関越道を使えば世田谷のわが家から1時間ちょっとだ。

川越、また行きたいねぇ。なんて夫と言い合っていたところに今回のお義母さんからのリクエスト。ランチは前回と同じうなぎ屋でいただき、前はやらなかった寺社巡りなどもちらっと。こうやって旅は、回数を重ねるごとに深まっていく。しかも同行するメンバーによって、同じ場所でも違う風景に映るからおもしろい。お義母さんは正月から4ヶ月ぶりに再会した息子と手を繋ぎ、楽しそうに歩いていた。金沢で暮らす彼女に、小江戸はどう映っただろう。

翌日はわが家のベランダからも見える都庁へ電車で行った。展望台に上るの、タダって知ってますか？ 無料にしては贅沢すぎる東京一望をして、タクシーでコリア

城下町として栄えた面影を残す川越のメインストリート。ヒトもクルマも多い！

ンタウン（新大久保）へ。おいしい韓国ランチをいただきながらビールとマッコリで乾杯。この後どうします？　とたずねたら、「巣鴨、テレビで見たことある！　行ってみたい！」なんて流れになり、とげ抜き地蔵を見学したり、翌日は外房、千葉勝浦へと足を延ばした。

お義母さんは能登の輪島出身。その町といえば日本三大朝市のひとつがある（あとのふたつは飛騨高山と千葉勝浦）。われわれがサーフィンなどでよく行く勝浦。そこの朝市にお義母さんは興味があるようだった。でもね、勝浦の朝市はね、想像以上に規模が小さいんです。たぶん、え⁉　これでおしまい⁉　ってガッカリします。と、念のため前情報は伝えていたらそれがよかったみたいで、「思ったよりもにぎわっとるね」と、お義母さんは息子をおんぶしながら楽しそうに見学していた。その晩の夕飯は、日本海ではなじみの薄い太平洋の幸をいただいた。ネギとマグロのねぎま鍋、カツオの刺身の香味野菜乗せ、ハマグリのワイン蒸しをつつき、キリッとした辛口の地酒でラストナイトに乾杯した。

次の日は勝浦から羽田空港に向かった。GWの夕方、アクアラインで木更津のアウトレットも通るし、混むかと思って早めに出たらそうでもなくて、ずいぶん早く羽田に着いた。フライトまでの時間つぶしにみんなで展望デッキへ。よく、学校から家が近い子ほどギリギリに登校する。それと同じなのか、私はいつもギリギリに空港に行く。別にそれほど羽田と家とが近いわけじゃないんだけど……。それはそうと、展望デッキに行くのは今回が初めてだった。さすが日本の空の中心。圧倒的な離着陸数。次々に航空機が飛んできては、どこかへ飛んでいった。あちこちから聞こえる離発着の際の「ゴォォォォ」というエンジン音。その迫力にお義母さんと息子は抱き合いながら興奮していた。西日に照らされたふたりの姿を見ていたら、お義母さんと一緒だといつもは素通りする東京が味わえてなんか楽しいと思うのだった。

あともうひとつ、羽田空港で初めてのことをする。レストランでしっかり食事した！理由は先ほどと同じ（いつもギリギリで羽田到着）。少し早いけど夕飯食べちゃおうか。その方が帰ってからお互いラクだよねと、息子用に頼んだグラタン。やさしいお義母さんの隣で楽しそうに頬張っていた。そんな幸せそうな顔するなよ。まるで私たちと一緒だと不幸みたいじゃないいか。なんてことを笑いながら言い合った。

お義母さんを北ウイングの保安検査場まで見送った。どんどん列の前の方に進む彼女。姿が見えなくなるまでお互い手を振り合った。旅に出かけることの方が多い私は、いつも見送られる側だった。たとえば北海道に3週間ツーリングに行ったとき、深夜の大洗港に仲間たちがサプライズで見送りに来てくれた。また、世界一周の旅に出る前は、友人や仕事の仲間やいろんな人たちが壮行会を開いてくれた。ありがとう。気をつけて行ってきます。いつもそっちの立場にいるから、なんか見送る側が慣れていない。

さまざまな「別れ」

そういえば以前、ハワイを旅したことがあった。2012年の冬だった。その年はやりきれないほど寒かったこともあり、冬の間ハワイのオアフ島で避寒しているずいぶん年上の友人、Yさんをたずねたのだった。彼との出逢いは2007年1月、たまたま立ち寄ったホノルルのサーフショップだ。そのときYさんはご夫婦でいらっしゃった。定年後、ふたりは暖かなハワイで冬の間を過ごしており、波乗り上手な頼もしい旦那さま。ハワイアンキルト界では一目置かれるやさしい奥さま。人生悠々自適。夫婦仲最高！ ホスピタリティあふれるふたりを私はすぐに好きになった。

「俺たちがハワイにいる冬の間、ぜひ来たらいいよ」と、Yさん夫婦に何年も前から誘われており、ようやく実現できたのだった。この年はYさんが先にハワイ入りして、私と入れ替えで奥さまがいらっしゃったのだけど。

Yさんが滞在していた山の中腹にあるシェアハウスには、つい最近こっちの大学を卒業した日本人の男の子や、彼の友人もいた。私たちは4人でよく波乗りに出かけた。また、宿の自転車を借りてワイキキをうろちょろしたり、バスに乗って買い物に行ったり、毎晩3時ごろまで呑んだりと、まるで暮らすようにハワイを旅した1週間だった。どうして楽しい時間ほどあっという間なのだろう……。なんてことを嘆きながら最終日、私は荷物のパッキングを済ませ、Yさんと日本人の男の子と空港へ向かった。チェックイン後まだ時間があったのでみんなでベンチに座り雑談していると、Yさんがふとこんなことを言った。

「帰る人はいいよ。次の生活が待ってるから。でも送り出す方は、心にぽっかり大きな穴が空く」

その横で男の子が深くうなずいていた。もちろん彼もYさんもジブンたちが好きでハワイで暮らしているけれど、誰かを送り出すとき、それはそれはさみしいのだろう。私だってハワイを離れるのは名残惜しい。反面、Yさんの言う通り、羽田に迎えに来てくれる夫、翌日からの仕事、翌週末のスノーボード、「これからのこと」を少しワクワクしながら考えていた。

さて、そろそろ行こうかな。常に大混雑のワイキキ空港。ゲートに私ひとり並んだとき、急に何年か前に亡くなった父を思い出した。気づいたときには末期ガン。残された短い時間、私はとにかく父と向き合った。彼が入院した病院へ毎日お見舞いに行ったり、自宅静養に切り替えた際は仕事部屋を実家に移したり……。口が悪く、似たもの同士だった私たちは、父が亡くなるその日までなんやかやと喧嘩した。しかし彼が逝ってしまった後、私の心には大きな穴が空いた。父没後2年くらい、ちょっとジブンでもおかしな気持ちの日々が続いた。

父ウンヌンはだいぶ極端な例だとしても、「じゃ、また明日ねー」なんて学校帰り同級生と手を振り合う小さな別れ、Yさんとホノルル空港で姿が見えなくなるまで手を振り合うなんとなく切ない別れ。それから、もう二度と会えない、いや、きっと心のなかでその人は生き続けることになる「死」という大きな別れ。あと恋人や友だちとの喧嘩別れとかいろいろあるけど、私たちの人生には大なり小なり別れが必ずついて回るのだ。などと当たり前なのだけど、いままで考えたこともなかったそんなことを、私はホノルルの空港でひとり列に並びながら、なぜかはっきり思ったのだった。

で、金沢に帰ったお義母さん。彼女と別れた後、羽田からの帰りのクルマで息子はすごく不機嫌だった。

「なんで、ばあば、かえっちゃったの。もっと、いっしょに、いたかった！」と、ずっと怒っていた。当時4歳になりたてながら、キミもいろんなことを考えて生きているのね。でも、もうすぐ正月がやって来る。今度は私たちが飛行機で金沢に行くよ。見送られる側になるよ。

ばあばとの別れは毎回涙涙になる息子なのだった。
羽田空港第１ターミナルにて。

クニイ的コラム 牡蠣に恋して

私が牡蠣にハマッたのはいまから5年前。ご近所に暮らす親友夫婦がおすそ分けしてくれた大きな岩牡蠣がきっかけだった。夫婦の妹さんは愛媛に住んでいる。蔣淵《こもぶち》という海に突き出た半島の先端部で、妹さんのご主人が岩牡蠣の養殖をしているとか。それで親友夫婦の家には毎年5月半ば過ぎになると大きな岩牡蠣が発泡スチロールいっぱいに届くという。

それまで私は牡蠣は好きだけど、あれば食べる、出されれば食べる、という感じだった。しかしながら蔣淵産の岩牡蠣、なんとまぁプリプリなこと。吸い付くとプチューッとミルクがたっぷり出てくる。一瞬塩味が舌の上を転がり、次の瞬間甘味が口のなかいっぱいに広がる。これはウマい! 生に蒸しに、夢中でかぶりついたのだった。

それからというもの、「牡蠣」というキーワードを耳にするたびにヨダレをゴクンと飲みこんでしまう私だった。お気に入りのオイスターバーを何軒か見つけたり、通販でお取り寄せして自宅で食べるようにもなった。これまでオーダーしたのは三重の浦村《うらむら》や桃取《ももとり》。北海道の厚岸《あっけし》とかサロマ湖。兵庫の赤穂《あこう》。……あとどこだったかな。とにかく日本全国津々浦々の牡蠣を取り寄せている。

牡蠣の殻を剥く作業は慣れないうちは大変だ。けれどコツをつかめば簡単。わが家ではときどき牡蠣好きを集めてホームパーティをしている。お取り寄せした牡蠣の殻を軍手着用でぱかぱか開ける私に、友人からは「牡蠣小屋のおばさん」と呼ばれている。またいつかの週末、朝食中に旅番組を見ていたら、東北地方の牡蠣小屋が出てきた。テキパキ殻を開けている女将さんを指さして4歳の息子が、「あー、おかあちゃんと、おなじしごとだー！」と言う。おい、オマエさんのお母ちゃんの本職は旅のエッセイストだぞ！　でもその番組を見ていたら、牡蠣食べたいねーと息子と意気投合し、さっそく三重県は桃取産のものをインターネットでポチリとしたのだった。

以前はもったりクリーミーな牡蠣が好きだった。最近は海外のオイスターバーで出されるような小振りであっさり、白ワインや泡（シャンパン）に合う牡蠣をトゥルッと食べるのがマイブーム。

年を経てもずっと楽しめる場所

思い出の基地

父が営んでいた町の学習塾の合宿所兼保養所が、外房の勝浦という港町にある。バブル全盛期に建てられたリゾートマンションの一室なのだが、小学生のころからちょこちょこその町を訪れていた。当時は高速道路が途中で終わり、下道を延々走った。昼間の渋滞にはまったりすると世田谷の自宅から4時間近くもかかり、東京のお隣は遠い！　と驚いたものだ。そのぶん海は青く、活気ある港の風景や朝市、顔見知りの定食屋も増え、南房総の郷土料理「なめろう」と「さんが焼き」の違いがわかる東京の小学生、なかなか珍しかったと思う。そう考えると、私にとって勝浦は第二の故郷のような存在なのかもしれない。

毎年夏になると、塾の生徒たちが代わる代わる勝浦の合宿所を訪れ、私も一緒に勉強したり、釣りに行ったり、ＢＢＱをしたりにぎやかな時間を過ごした。両親が歳を取り生徒の世話を甲斐甲斐しく焼くのがシンドくなってからは保養所という立ち位置にシフトし、社員やその家族であれば誰もが使用可能な施設となった。私はそれを「基地」と呼び、学生時代からちょこちょこ使わせてもらっている。

基地はJR勝浦駅からタクシーで1メーター。歩こうと思えばがんばれない距離ではない。けれど免許を持っていない学生としては移動のアシが欲しくて、世田谷の自宅から使わなくなった自転車を運んだ。一瞬で錆びた！　潮風のすさまじさを目の当たりにしたのだった。その後クルマの免許を取ったり、オートバイやサーフィンなどの趣味が加わった。とくにサーフィンは、基地からポイントまでクルマで5分という好立地。訪問頻度がグッと上がった。そのころにはアクアラインが開通し、世田谷からのアクセスは劇的に向上。2時間半ほどで着くようになった。そうそう、サーフィンと出合ってからは、国内外の波を求めてたくさん遠征した。出かけるたびに基地周辺の海が好きになって帰ってきた。というのも近くのポイントには常に波があり、海岸線が長いのと近隣には湘南や茨城などサーフポイントが多数あるため、ビーチは意外と空いているからだ。

家族と見つけた勝浦のポテンシャル

２０１２年12月、イヌを飼ってからは基地の違う楽しみ方を見つけた。これまでは波乗りへ！　とか、ケチャップを買いにスーパーへ！　とかばかりで近隣をあてもなく歩いたことってほとんどなかった。けれどイヌが家族に加わったことにより、未開だった近所の道を首からカメラをぶら下げて歩き回るように。太平洋に面し、黒潮の影響を受けやすい勝浦は、冬は暖かく夏は東京よりずっと涼しい海洋性気候。また山がちな地形のため、見晴らしのいい尾根伝いを灯台まで行くルート、林のなかをひたすら歩くルートなどもある。それから勝浦は、田舎なのだけどそこそこ人口は多く、住宅街の道が入り組んでいる。地元の生活を垣間見ながら歩くのも楽しい。私のお気に入りは川津《かわづ》という小さな漁港まで行くコース。道のりはほとんど崖のような感じで、クルマが入りこめない狭く急峻な住宅街を通っていく。家々の軒先には海女さんのウエットスーツが干してあったり、海でひと仕事終えた男たちが潮焼けした肌で煙草をくゆらせながら談笑していたり。彼らは私のようなよそ者に対し、少し警戒しつつも好奇のまなざしを向ける。こういう場合は、「おはようございます！」と、こちらから元気よく挨拶するといい。こわもての男性たちが顔をほころばせながら挨拶し返してくれる。お盆の時期、風が涼しくなった夕刻に散歩していると、通りでは送り火をしている町の人たちの姿があった。あちこちで提灯を持った人とすれ違った。東京で、核家族で育った私にとって送り火は、なんだか遠いアジアの国の儀式を見ているみたいな不思議な気分だった。国道から見るのとは違う、ちょっと突っこんだ田舎町の風景に私は夢中になった。

イヌを飼いだしてから半年後の2013年5月、息子が生まれた。東京で子育てしても息が詰まりそうだからと、半年ほど毎週のように基地通いした。夏には半月くらいぶっ続けで滞在した。輪をかけて散策に気合いが入り、もっとディープな小径《こみち》を開拓するように。息子に明け方のミルクを飲ませて夫の隣に寝かしつけたら、そーっとイヌを連れて「いつも」の川津港へと向かう。天気が良くて気分もいいと、そこからさらに新規開拓した。このあたりのこと、そこそこ知っているつもりだったけど、とんでもない！　迷いに迷って危うく遭難しかけた。行けど進めど基地までたどり着く気配はせず、海も見えない、いまジブンがどこにいるのかわからない。ぽっかり口を開けた古いトンネル。覆い被さるように木々が茂っていた。ここをくぐれば市街地に出るだろうか……。雨水が山に染みこんだのか、トンネル内は濡れていて、湿っぽい匂いに心細さが増した。あたりがまだほの暗い夜明けに出たはずなのに、結局すっかり太陽が高くなってから帰宅した。玄関を開けると心配顔の夫と母。以来、散歩にはケータイを持っていくようになった。

　また、ある夕暮れどき隣町の御宿《おんじゅく》に家族みんなで出かけた。夫はサーフィンへ。私は左手にイヌのリード、右手にはまったく歩く気配のしない息子を乗せたベビーカーで海岸線に沿って歩いた。われわれの散歩スタイルが房総人の心をつかんだのか、すれ違うみんなに声をかけられた。潮焼けしたシワシワの手で息子の顔をなでてくれた老人。猪突猛進な勢いでベビーカーに駆け寄ってきた老婆はイヌの存在に気づかなかったようで、急に私の陰から飛び出した黒い影（イヌです）に、腰を抜かす勢いで驚いていた。

「いきなり赤ちゃんに近づいたから怒らしちゃったかな？　ごめんね」と謝る老婆に、いえいいえ、うちのイヌ全然怒っていませんよ〜。むしろ知らない人大好きで、こちらこそ驚かしちゃってごめんなさい。私たちは笑いながら謝り合った。さらに歩みを進めると、大柄な中年女性が現れて、息子の存在はまったくのスルーでイヌに釘付け。飼い犬のことを見て懐かしそうな表情で「●●ちゃんでしょ？」と話しかけてきた。

いいえ、違いますよ。「豊」です。そんな名前ですけどメスです。

「御宿のあのマンションに住んでる？」

家は東京ですが、たまにこうやって家族で勝浦に遊びに来るんです。

どうやら女性、御宿のリゾートマンションで暮らすボストンテリアとうちのイヌを勘違いしたそうだ。彼女はまた、この年の夏15年飼ったボストンテリアを見送ったという。

「この犬種って、一個も言うこと聞かないでしょ」と、女性はいとおしそうに微笑む。そうなんですよ。おいでって言うと、逆方向に走っていきますからね。

「そこがかわいいのよねー」

そんな立ち話を10分くらいしたか。海で波待ちしていた夫は、私たちのことを眺めながら、ずいぶん長いこと何しゃべっているんだろうと不思議に思ったそうだ。

それはそうと、わりと早く産前の体型に戻れたのはこうやってイヌと一緒に基地周辺をたくさん歩いたからだと思っている。また、ベビーカーの上で人形のように動かなかった息子は現在やんちゃに走り回り、気づけば基地へと続くインフラもさらに進化していた。木更津東ＩＣが開通し、館山自動車道を迂回することなく東京湾アクアラインへ直通。そのうえ首都高中央環状線も全線開通。世田谷から2時間かからずに外房の青い海が見られるようになった。私の子ども時代の約半分の旅行時間で。千葉は近い！

で、話を戻すと、走り回るようになった息子とはここ数年、勝浦界隈のトレッキングルートを研究中だ。鵜原《うばら》の方に岬をぐるっと巡れるすてきなトレイルを発見した。一度夫とイヌと歩いてみた。旅館の入り口からエントリーし、小さいトンネルをくぐるとハイキングコースが始まるという、おもしろいルートだ。山あり登りあり、バーンと景色が開けたと思ったらリアス式海岸が広がっていたり、はたまた波打ち際を歩いたりと、なかなか起伏に富んだ楽しい道で、景色を眺めながらのんびり歩いて2時間ちょっとか。息子とはそのトレイルに出かけるたびに少しずつ距離を延ばしてはいるけれど、彼と楽しみながら一周できるのはもう少し先か。いや、もう行けるかな。今度天候のいい日を狙ってトライしてみようと思っている。

トレッキングのほかにも、勝浦は食も楽しい。B級ご当地グルメを紹介する日本最大級のまちおこしイベント「B-1グランプリ」。2015年に優勝した勝浦タンタンメンを食べ歩いたり、朝市で地魚を買い、それを基地で料理。レパートリーを増やしたり。去年くらいからは、基地の階下のプールで息子と遊ぶのがちょっとしたブームだ。私、そのプールで泳ぐのはじつに子どものとき以来……。あとサーフィンばかりで無縁だった海水浴をしてみたり。ていうかこの界隈の海ってこんなにきれいだったんだと驚いてみたり。長い年月を経て、いろんな楽しみ方を更新できる勝浦って、すごい場所だなと改めて感心するのだった。

ここは湖かってほどこんなに波がない部原《へばら》ビーチも珍しい。波打ち際を豊が激しく走り回る。この後、何度洗っても砂が出てきて大変だった……。

オールマイティな山

最近ハマってます！　電車で登山、高尾山。イヌも子どももお酒も一緒に!!

いやいや登っていた子ども時代

小学生時代は毎年の遠足に。中学・高校も、やっぱり遠足で登りに来た。そんな高尾山は東京都民にはおなじみの山ですよね。なんてことを仕事の打合せ中に言ったところ、同席のライター女性、「私、文京区民でしたけど、登ったこと一度もありません」。……じゃぁ訂正。高尾山は、世田谷区民（小学校）と目黒区民（中高）の遠足でおなじみの山、ですかね？……とにかく私は、いままで10回近く高尾山にいやいや登ってきた。なにせ子どものころはゲームや漫画が大好きな生粋のインドア派だったから。山なんか行くより、授業を受けていた方がずっといい。本気でそう思っていた。

でも人間、変わる。いまや私は自他共に認めるアウトドア派。海、山、自然、旅、外遊びが大好きだ。そんな私に2012年の夏だったか、「高尾山、登りませんか?」と某雑誌からオファーが来た。

久しぶりの高尾山

まず、近いことに驚いた。自宅から電車で1時間くらいか、京王線に揺られてあっという間に到着した。そして交通費の安さに驚く。山へ行くのにかかった電車賃は360円。往復でも1000円しないのだ。さらに駅の目の前はいきなりの登山口! 高尾山は600メートルもない低山だけど、登るのがシンドかったら中腹までワープできるケーブルカーやリフトを使うという手もある。そうそう、ケーブルカー降り口の傍には「ビアマウント」という東京が一望できるビアホールがある。ミシュランの観光ガイドで最高ランクの3つ星を獲得したそうだ。その店にただ単に呑みに来る人も多いようで、建物の周りには長い列ができていた。並んでいる人たちの足下は高いヒールだったりビーサンだったり。

そんなふうに高尾山はケーブルカーで往復するお気楽ビールコースから、子どもも登れる初級者コース(小学生のとき、おそらくこのルートを歩いたのかな!?)、今回取材で私が歩いた1、

4、6号路は、なかなか登りごたえがある山道だった。さらに脚力に自信があれば陣馬山《じんばさん》を縦走するという楽しみ方も。とにかくバリエーションに富んでいる。また、山中には高尾山薬王院という744年に創建された由緒正しき寺院もある。参道や山頂付近には売店や食堂も軒を連ね、手ぶらで来たとしても全然大丈夫。そこここにある展望台からは関東平野を見渡す一大パノラマ。東京タワー、新宿の高層ビル群、横浜ランドマーク、江の島などがバッチリ見える。向きによっては丹沢山塊、南アルプス、日光方面。山頂展望台からは富士山も望める。鬱蒼とした森の隙間から覗く、青い空と白い雲。でも忘れちゃいけない、ここが東京都だということを。もっとも驚いたのは、ゴミがひとつも落ちていないことだった。みんなに愛されている山って感じがすてきだなぁ。子どものころにはわからなかったいろいろを発見し、一発で高尾山ファンになったのだった。

ここはどこ。東京の山。

高尾山マスターへの道

以来、何も予定がない週末、はたまたお財布に北風が吹く給料日前⁉ 夫と電車で高尾山にサクッと登りに行くようになった。電車＝呑める！ というのも酒好きな私たちには高ポイント。冷えたビールをクーラーボックスに詰めて、行きは重たい、帰りは軽い。イヌを飼って息子が生まれてからは、「家族で楽しめる場所」としていよいよ重宝するように。イヌは最初から全部歩けたけど、当時1歳にも満たなかった息子は登山用の背負子に乗せて夫婦交互におぶって登頂した。しかし次に来たときは息子もいっぱしに歩けるようになっていた。山を訪れるたびに彼の成長が見られて楽しい。次はケーブルカーに乗らずに下から歩いて登頂しようかとか、いつか隣の山も縦走してみたいねとか、夢がふくらんだ。

2015年10月、いとこから本格的な背負子を譲り受け、急な山道はおぶって、平坦な道は歩かせて登頂。

２０１２年から20回近くは訪れただろうか、すっかり高尾山マスターになりつつある私たちだけど、まだひとつだけ行けていない場所がある。それは山の中腹にあるビアガーデン、ビアマウントだ。秋の夕刻、薄暮の関東平野をここからビール呑み呑み眺めてみようと何度かトライしたものの、待つのを得意としない気の短い私たちは長い行列を見ただけでお腹いっぱい。けど平日なら空いてるのかな。今秋、京王線でピュッと訪れてみようかと思っている。

息子のベビーカーのハンドルにトートバッグを引っかけイヌを収納。移動中はほかの乗客の迷惑にならないよう、薄手のガーゼを顔にかけている。だーれも気づかない。でも、イヌはものすごく大きなイビキをかくのでシンとした車内、「ん？」って顔をして音の出所を探すヒトはたまにいる。

ある日のおこづかい帳

- 電車賃 720（往復）×2=1440 円
- コンビニ（息子のバナナ、牛乳、飲むヨーグルト）342 円
- コンビニ（私のブリトー、夫のカップラーメン、水）467 円
- 山頂で食べたいなり&巻鮨 1871 円
- ベビーカーを預けた代金　300 円

◎トータル 4420 円　充実日曜日！

まだケーブルカーは利用しているものの、だいぶしっかり歩けるようになった3歳の息子と2017年1月に厳寒登山。まだ歩みが遅く、彼に合わせていたらどんどん身体が冷えていった。イヌも私たちもガタガタ震え、結局頂上まで行かず神社で登山終了。

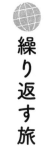

繰り返す旅

久しぶりの湘南平で

通っていた大学が、小田急線と横浜線が交差する町田あたりにあった。おかげで横浜線で登校する湘南方面のクラスメイトと仲良くなった。そのころはクルマの免許を取ったばかりで、ハンドルを握るのが楽しい日々。時間にゆとりがある日は近所のクラスメイトと連れだってクルマで通学した。急に授業が休講になった午後など、用もなく湘南方面の友人とドライブした。私の記憶がたしかなら、デートスポットとして有名な湘南平《しょうなんだいら》に女だけ4～5人で訪れた。それは神奈川県の平塚市と大磯町の境にある小高い山頂。テレビ塔の展望台フェンスに恋人同士の名前を書いた南京錠をかけて愛を誓うことで知られる。近年、全国各地のデートスポットや景勝地で似たような儀式が行われているが、湘南平のテレビ塔が発祥だそう。

ある冬晴れの日のこと。二輪誌のロケで平塚に出かけた。その辺では有名な老舗ラーメン店を取材する予定だった。到着が少し早かったので、ふと思いたち久しぶりに湘南平に寄ってみることにした。

小田原厚木道路、通称オダアツを平塚ICで下車。広報車両のBMWスクランブラーに跨って一路湘南平を目指した。山の中腹まで住宅で覆われていた。ここに住む人たち、クルマがないと生きていけないなぁ……。どうでもいいことを考えていると、いきなり人の気配を感じない険しい山道になる。コーナーの隙間から富士山が見え隠れした。頭上には桜並木のトンネル。きっと春になるとあちこちから観光客が訪れるのだろう。

取材の時間つぶしに立ち寄った茅ヶ崎サザンビーチカフェ。目の前は気持ちいい海！

二十数年以上ぶりに訪れた湘南平は南京錠で有名なテレビ塔のほか、新たに展望台ができていた。そこから見える景色がすごい。富士山、相模湾、江の島……。３６０度ぐるりと見渡せる。山頂は時間が止まったかのように静かだった。10代の私は、この絶景を見て何を思ったか想像してみる。友人とのにぎやかなおしゃべりだったり、ここまで来る山道がくねくね楽しかったりして、いまほど景色を愛でていなかったはずだ。

エッセイストという仕事柄、私は繰り返すことを好まない。一番最初に見たモノ、味わったモノがもっとも感動するに決まっているからだ。初回ほど勢いのある文章を書く自信がないから、常に新しいコト・モノを求めている。とくに最近の旅先なんて顕著だ。スリランカとか台湾とかキューバとかセントマーチン島とか、とにかく行ったことのない場所ばかり目指している。でもたまに、こうやって繰り返す旅も悪くない。富士山を眺めながら思うのだった。

その先の旅スタイル

じつはいま、私のお腹のなかには第二子がいる。現在妊娠８ヶ月。日に日に大きくなるお腹を抱えて高齢妊婦は息を切らしながらなんとか生きている。

42歳にしてまさかの妊娠だった。予期せぬというか、いや、もはやあきらめていたというか、漠然ともうひとり下にいたら息子も楽しいだろうな……と思ってはいたものの、当時4歳に成り立ての息子（長男）がどんどんややこしくなっているころで、しかも幼児らしからぬ早起き体質。朝5時くらいにバチーンと目覚め、ひとりでリビングに置いておくと何しでかすかわからない。以前、私の仕事で使っているノートをアロマオイルまみれにされたことがある。はたまたティッシュを箱から全部出し「でんしゃだよ」とか言って、部屋の隅から隅まで真っ直ぐ並べられたこともあった。早起き長男と一緒に私も起きなければいけないハメに……。誰かに眠りを妨げられるのは精神的に本当につらく、第二子なんて絶対無理。死んじゃう。そうだ、私はもう42歳。そもそも自然妊娠なんかするわけないのだ。そう思っていたら突然の展開にそれは驚いた。当の私が一番おったまげた。けれど産婦人科を2軒回って、2軒ともに「たぶん今回は難しいでしょう」などと医師から言われる。そんなことがあり私もまったく期待していない第二子だった。長男が生まれて以降、2度流れてしまったことがあり、ふたたびそうなったらショックが大きい。わざと期待していなかったのだけど……。

でもどういうミラクルか、私にしがみついてくれた第二子だった。いや、その後の検診でも、「心拍が聞こえない」と言われてガッカリしたり、しかし翌週にはばっちり存在確認できて喜んだり、でもその次の検診では、「赤ちゃん、全然成長していませんね」なんて言われて、やっぱり42歳、トシにはあらがえないのか……などとため息をついたり……。

しかしあるときを境に、第二子が急にやる気を見せたのだ。検診のたびに「すべてが正常」、「すべてが順調」、「すべてが平均」……、そんな言葉をお医者さまから言われるようになった。「ふつう」なことってじつは最高にすばらしいことなんだとしみじみ思ったのだった。そしてあれだけ躊躇していた第二子の誕生をとても楽しみにしている私がいた。

で、42歳の高齢妊婦。長男妊娠時に37歳だったときは妊婦ということを忘れるほど絶好調だったが、今回はというと長期にわたりひどい頭痛に悩まされ、身体もだるく、一番つらかったのは「食べつわり」だった。いつもなにか口にしていないと胃がムカムカした。太っちゃいけないからと蒟蒻ゼリーばかり食べていた。おそらく食べつわり期間中で一生分食べた。もう見たくないくらい。同時に食の趣味もずいぶん変わった。酒、コーヒー、刺身とか生ものなど、いままで大好きだったモノを一切受け付けなくなった。毎年11月にはサロマ湖から生牡蠣を大量にお取り寄せしていたけど、今シーズンはそんな気にもならなかった。でも最近は酒以外少しずつ大丈夫になってきた。牡蠣もボチボチ。なにより甘いモノ命！　先日久しぶりに会った先輩のダンナさまには「シャンパングラスじゃなくてアイス持ってる！」と、驚かれた。

なんてことはさておいて、第二子が生まれたらおそらく長男と同じ旅のスタイルは無理だ。海外にバンバン出かけたり、おしゃれして行くようなフレンチも難しいだろう。しかも長男は立派に子ども料金を取られる歳になっている。財布の心配もさることながら、ふたりの幼子に気を配って、周りに気を遣って……。私の心がもたない。ということは2017年5月、精査を重ねたうえようやく購入に至ったキャンピングカーの出番！　犬がいて、子どもがふたりいて、いくらでも大声出してくれてけっこう！　でも暴れるなら外にしてよね。クルマが壊れちゃうから。

もうすぐ第二子を無事出産したら、長男のときと同様、勝浦には入り浸ると思う。夫の実家がある金沢にも年に何回かお邪魔するだろう。その際、飛行機は大変だからキャンピングカーで、あちこち立ち寄りながら帰省するのかな。あとはどんな旅が待っているやら。新しい発見の旅、はたまた繰り返す旅。なるべく子ども中心にならないようにしたいけれど、子どもをふたり連れての旅は私にとってもはや未知の世界。

ワクワクしながら次の扉を開けるとしよう。

国井律子（くにい・りつこ）

1975年8月25日生まれ。東京都出身。旅のエッセイスト。玉川大学文学部芸術学科芸術文化専攻卒業後、ラジオレポーターなどを経てハーレー雑誌からエッセイストとしてデビュー。オートバイの他、旅、車、サーフィン、アウトドアなどの多趣味を生かしながらエッセイを執筆。著書に『放浪レディ』（求龍堂）、『アタシはバイクで旅に出る。』（エイ出版社）、『とうとうバイクで北米横断しちゃいました』（産経新聞出版）など。ボアエージェンシー所属。

わたしの旅ブックス

004

進化する私の旅スタイル

2018年8月20日　第1刷発行

著者――――――国井律子（BOA AGENCY）

ブックデザイン――マツダオフィス
DTP――――――ISSHIKI
編集――――――及川健智（産業編集センター）

発行所――――――株式会社産業編集センター
〒112-0011
東京都文京区千石4-39-11
TEL 03-5395-6133　FAX 03-5395-5320
http://www.shc.co.jp/book

印刷・製本――――大日本印刷株式会社

ISBN9784-86311-196-7 C0026